Lichtner
La cuisine provençale

Monique Lichtner

La cuisine provençale

mit Bildern
von Werner Lichtner–Aix

Weingarten

Die Deutsche Bibliothek - CIP-Einheitsaufnahme

Lichtner, Monique:
La cuisine provençale / Monique Lichtner. Mit Bildern von Werner Lichtner-Aix. – 5. Aufl. – Weingarten : Kunstverl. Weingarten, 1994
   ISBN 3-8170-0001-4
NE: Lichtner-Aix, Werner [Ill.]

5. Auflage 1994
Alle Rechte vorbehalten
© 1979 by Kunstverlag Weingarten GmbH, Weingarten
Satz: Oberschwäbische Verlagsanstalt, Ravensburg
Reproduktion: repro-team gmbh, Weingarten
Gesamtherstellung: Buch- und Offsetdruckerei Robert Gessler, Friedrichshafen
Printed in Germany
ISBN 3-8170-0001-4

*Gewidmet allen Freunden der Provence und ihrer Küche,
besonders aber meinem Mann Werner,
der mit seinen Bildern, die er zu diesem Buch schuf,
ein Erscheinen in dieser Form erst möglich machte.
Im weiteren sei allen herzlich gedankt,
die zur Fertigstellung dieses Buches beigetragen haben.*

Inhaltsübersicht

Verzeichnis der Abbildungen	11
Vorwort	13
Einleitung	18
Etwas Geschichte über die Küche der Provence	20
Der Aperitif Pikante Törtchen Schiffchen Appetithappen Médaillons Pilze in Essig	21
Les hors d'oeuvre froids et des salades *Kalte Vorspeisen und Salate* Kalte Gemüseplatte Gemischte Vorspeisen Salate	27
Les pâtés et terrines *Pasteten und Terrinen* Terrine nach Art des Hauses Geflügel- und Leberpasteten Kaninchenterrine	35

Les entrées chaudes *Warme Vorspeisen* Aufläufe Provenzalische Pizza Gemüsekuchen	43
Les farcis provençaux *Gemüse mit Hackfleischfüllung überbacken* Gefüllte Auberginen Gefüllte Tomaten Gefüllte Zucchini Gefüllte Paprikaschoten Gefüllte Zwiebeln Überbackene Zucchini	51
Les soupes et plats provençaux *Suppen und provenzalische Spezialitäten* Knoblauchsuppe Suppe mit Rotwein Gemüseeintöpfe Bouillabaisse Riesen-Aïoli	55
Les poissons, crustacés, mollusques *Fische, Schalen- und Krustentiere* Rotbarben Dauraden Stockfisch Tintenfische Sardinen Thunfisch Muscheln Meeresfrüchte Schnecken Froschschenkel Flußkrebse Langusten Langustinen	71

Les viandes   86
Fleisch
Vom Rind
Vom Kalb
Vom Schwein
Vom Lamm
Kaninchen
Huhn
Stubenküken
Ente

Le gibier   111
Wild
Wachteln und Drosseln

Les légumes et gratins de légumes   115
Gemüse und überbackene Gemüse
Artischocken
Auberginen
Zucchini
Tomaten
Kartoffeln
Ratatouille
Pilze
Bohnen und Erbsen
Mangold

Les sauces   138
Saucen
Mehlbutter
Warme Saucen
Kalte Saucen
Gewürzte Butter
Fonds
Fischsud

Les fromages   148
Käse

Les desserts et les pâtisseries *Nachspeisen und Backwaren* Teigarten Cremes Obstkuchen Birnen in Rotwein	151
La pâtisserie traditionnelle *Traditionelles Gebäck* Dreikönigskuchen Osterkuchen Weihnachtskuchen	159
Les menus traditionnels *Traditonelle Gerichte*	164
Coutumes locales *Regionale Gebräuche*	166
Les vin cuits et les vins fortifiants *Hausgemachte Süßweine und Kräuterliköre*	167
Les épices et herbes de la cuisine provençale *Gewürze und Kräuter der provenzalischen Küche* Schwarze Oliven Grüne Oliven Provenzalische Kräuter Quatre épices	170
Les vins de Provence *Über die Weine der Provence*	177
Le pique-nique *Das Picknick*	179
Register, französisch *Register, deutsch*	181

Verzeichnis der Abbildungen

Die "ferme bleue"	15
Meine Küche in der Provence	17
"Tapenade"	25
"Plat provençal"	29
"Salade niçoise"	32
Unser Eßzimmer in der Provence	36
Unser Wohnzimmer in der Provence	40
"Courgettes"	46
Der Markt von Orange	50
"Aïoli"	54
"La daurade"	59
"Bouillabaisse"	63
"L'aïoli géant"	69
"Tian de daurade"	73
Die Fischer	77
"Les fruits de mer"	80
"Langoustes à la provençale	81
Knoblauch	85
"Les Gardians"	89

„Charcuterie"	92
Sommerlicher Grill	97
Regal mit Steingut	101
Der Knoblauchbauer	105
Hühnerhof	107
Die Jäger	111
Ockerdorf, Roussillon	112
Der Picknickkorb	116
Vor dem Picknick	120
Ratatouille niçoise	124
Der Markt von St. Cecile les vignes	125
Monsieur Antoinne bei der Tomatenernte	129
Gemüsetopf	132
Wochenmarkt	133
„Campanile"	137
Sauce l'aïoli	140
Der Käsehändler	146
Provenzalisches Käsemesser	147
Erdbeeren aus Carpentras	150
Beim Boule-Spiel	154
Birnen in Rotwein	157
Provenzalischer Dorfplatz	158
Festliche Tafel	165
„Bistro"	168
Der Kräuterhändler	173
Die Weinprobe	176
Das Picknick	180

Vorwort

Im Sommer 1971 unternahm ich eine Reise in die Provence und erreichte in der Mittagsglut Sérignan im Departement Vaucluse. „Connaissez-vous Monsieur et Madame Lichtner-Aix?" fragte ich den alten Mann auf der Bank neben der Bronzestatue von Jean Henri Fabre. Er schaute mich fragend an. Ich wiederholte und ergänzte . . . „le peintre d'artiste"! Dann sprudelte es förmlich aus ihm heraus. Natürlich kenne er die Malerfamilie. Sie wohne am Dorfrand in der „ferme bleue". Erst heute vormittag hätte sich seine Frau mit Madame Monique auf dem Markt unterhalten. Sie sei an allem interessiert, was die Küche anginge. Und Monsieur Werner würde sein Haus ausbauen „tout seul!" Ich war glücklich über meinen Rest Latein, konnte ich so ein Maximum an Auskünften bekommen. Das Provençal des alten Mannes erweckte in mir eher ein Gefühl mit einem römischen Pensionär der Legion Colonia Narbonensis zu sprechen, als mit einem zeitgenössischen Franzosen.
Ich ging den beschriebenen Weg bis zu dessen Ende – und fand – nicht zu verwechseln, die „ferme bleue". Am Eingang spielende Kinder, eine alte Dame – vermutlich die Besitzerin – beim Beschneiden der Zweige eines Kirschbaumes, am Brunnen eine schlanke, junge Frau mit schwarzem Zopf auf dem Rücken. Vor ihr ein Tisch mit frischgeernteten Auberginen und Tomaten und ein Duft aus der Küche; – kein Zweifel, ich war richtig!
Eigentlich wollte ich noch weiter nach Avignon reisen, doch – so Monique – sei zu dieser Zeit der Saison kein Stuhl, kein Zimmer frei. So lud man mich ein zum „casse-croûte", das Brot mit ihnen zu teilen, wie man hier sagt. Monique verschwand für einige Zeit in der Küche

und zauberte etwas Wohlriechendes auf den Tisch, eine Ratatouille, so köstlich, wie ich sie weder zuvor noch danach gegessen habe. Das anschließende Lammkarree verhinderte schließlich mein Weiterreisen vollends.

Seit jenen Tagen – und ich hatte das Glück, Moniques Kochkunst wiederholt zu erproben, und fand sie jederzeit so untadelig und elitär wie am ersten Tage – seit jenen Tagen glaube ich, in die Philosophie der Küche etwas tiefer eingedrungen zu sein, als es gewöhnlichen Frankreich-Reisenden vergönnt ist. Und es vermittelte mir die Erkenntnis: Nur intelligente Frauen kochen gut.

Gefühl, Kreativität und Verstand – das sind die wahren Küchenmeister. Fehlt es an diesen, so bleiben alle Rezepte leeres Papier. Nicht das „was" und das „wieviel" entscheiden in einer wahrhaft inspirierten Küche, sondern das unwägbare „etwas" – das „je ne sais quoi" – das ich, nach langer Erfahrung und immer erneutem Studium nicht anders deuten kann, als ein Sich-Hineinfühlen in den Geist der Stoffe und der Materie, eine stille Andacht den Dingen der Natur gegenüber.

Monique Lichtners Kochbuch präsentiert uns die Küche der Provence traditionell und lebendig zeitgenössisch zugleich. Die nahezu komplette Rezeptsammlung des Midi sei an dieser Stelle ergänzt durch das seltsamste Diner, zu dem sich Naturwissenschaftler aller Länder je zusammengefunden haben, im Oktober 1938, auf der ferme „Harmas" in Sérignan.

Anlaß war ein Kongreß zu Ehren des 1915 verstorbenen Insektenforschers Jean Henri Fabre (1823-1915), der eben auf jenem „Harmas" (altes provenzalisches Bauernhaus) gelebt und gearbeitet hatte. Man nannte ihn den „Homer der Insekten", weil er, wie wenige vor ihm, die Ergebnisse seiner Forschungen in fesselnder, dramatischer Form zu beschreiben wußte.

Was aßen nun die zu seinen Ehren versammelten Entomologen aus allen Ländern?

Ein Menü, ganz aus wildwachsenden Kräutern, Tieren und Insekten zubereitet. Es gab Filet vom Hammerhai, Antilopenlende, gegrillte Heuschrecken, Salate aus Farnen und feinen Blättern, Schollen aus der Antarktis, mauretanische Sardinen, provenzalische Schnecken und – höchste aller Delikatessen – ein Gericht aus Larven des Zimmermannbocks, des im Altertum bereits geschätzten „ergates faber", auch Mulmbock genannt.

Der Leser und Benutzer dieses von Monique Lichtner komponierten Kochbuchs braucht nicht zu befürchten, vor so schwierige Aufgaben gestellt zu werden, wie es das Einfangen von Antilopen, Schnecken oder Ergates-Larven ist. Monique kocht mit Zutaten, die jedermann zugänglich sind, der seine Augen offen hält und der auf Märkten jene Aufmerksamkeit walten läßt, die Fabre zu einem großen Naturforscher gemacht hat.

Ich wünsche den Lesern und hoffentlich auch künftigen Genießern von Moniques Kochanweisungen, daß sie über allem „Ziehenlassen", „Aufkochen" und „Anbraten" jenes größere Geheimnis erraten möchten, das in den Dingen selbst verborgen liegt, – das „offenbare Geheimnis" – „le secret ouvert", wie Jean Henri Fabre es genannt hat.

Wolfgang Christlieb

Einleitung

Meine Küche ist der kleinste Raum in unserem Hause und liegt zwischen einer römischen Pforte im Hof und dem kreuzgewölbten salle à manger zur Straßenseite, der Rue du vieux château. Provenzalische Küchen sind ganz im Gegensatz zu meiner, zweckgebunden behaglich eingerichtete Wohnräume. Nicht selten nimmt der offene Kamin eine ganze Wand ein. Im Winter brennt darin ein Feuer, meist die einzige Wärmequelle im Hause.
Ein *broufado*, provenzalischer Fleischtopf, brodelt im großen gußeisernen Topf, der marmite.
Die Salatiere auf meinem Tisch mit der angerichteten Salatsoße aus Knoblauch, Olivenöl, Salz, Pfeffer und Essig weckt in mir die Erinnerung an Madame Icard, der ich meinen ersten Kontakt zur Küche der Provence verdanke. Madame Icard war eine kleine energische Dame von 75 Jahren, die eine ferme am Dorfrand bewohnte, wo wir uns während der Renovierungsarbeiten unseres Hauses eingemietet hatten. Wir nannten das kleine Gehöft „ferme bleue", weil Madame alles in eine sattblaue Farbe getaucht hatte, selbst die Pumpe und das Fahrrad, den Besenstiel und die Blumentöpfe. Sobald sie eine Möglichkeit zu einem kleinen Schwatz sah, setzte sie sich zu mir, erzählte von früher, von ihrer Familie und von der ferme, als sie noch bewirtschaftet war. Sie plauderte gern, und da sie viel allein war, freute sie sich über eine Zuhörerin.
So lernte ich nicht nur den Dialekt des „Midi" kennen, sondern auch viele Geheimnisse provenzalischer Küche, einer Küche von bodenständiger, ländlicher Natürlichkeit und würziger Kraft, wie sie der

paysan, der provenzalische Bauer von Generation zu Generation überliefert.

Übrigens
Knoblauch müssen Sie schon mögen, wenn Sie nach meinen Rezepten kochen wollen.

Im allgemeinen sind Personen- und Mengenangaben gemacht. In einigen Fällen muß ich es jedoch Ihrer Kreativität überlassen, die angegebenen Zutaten im rechten Verhältnis zueinander zu komponieren.

Etwas Geschichte über die Küche in der Provence

Die Wiege der provenzalischen Küche liegt in der römischen „Provincia Narbonensis". Als sie, die Römer, das Land besiedelten, fanden sie an den Hügeln der Provinz und im Rhône-Tal Rebstöcke und Olivenbäume vor, gepflanzt durch ihre friedliebenden Vorgänger, die Griechen.
Vorgefundenes und Mitgebrachtes vermischte sich zu einer eigenständigen neuen Küche. Sie war es wert, in mühevoller Steinmetz-Arbeit in Flachreliefs dargestellt zu werden.
Die provenzalische Küche erfuhr eine Verfeinerung im Mittelalter durch die Päpste in Avignon, die über 100 Jahre lang Italienisches in die Provence brachten. Petrarca schwärmte noch für die Rotweine Italiens.
Die französische Revolution brachte den endgültigen offiziellen Anschluß an Frankreich. An die Stelle des Provençale trat die französische Sprache. Dennoch bewahrten die Provenzalen ihre eigenen Traditionen, insbesondere die der Küche. So finden sich heute Rezepte in der provenzalischen Küche, die seit jener Zeit unverfälscht überliefert sind.
Die Provence ist ein Agrarland, das neben berühmten Weinen, Melonen aus Cavaillon, dem Obst aus der Ebene von Avignon, vor allem Tomaten und Auberginen anbaut. Das erklärt auch die Häufigkeit ihrer Verwendung in der Küche.

Der Aperitif

In der Provence trifft man sich zu einem Aperitif, meist kurz vor dem Diner, dem Abendessen. Der Aperitif kann auch die Einleitung zu einem gemeinsamen Essen sein. Man tauscht Neuigkeiten aus, bespricht Lokales und Neues aus der großen Politik. Dazu werden Vin Doux, (natürlicher Süßwein) oder das „Nationalgetränk" der Region, der Pastis, (Anis-Likör mit Eiswasser vermischt) oder ein Vin Mousseux gereicht. Schälchen mit verschieden eingelegten Oliven, Salzgebäck und Käsestangen machen die Runde.
Nachfolgend einige Rezepte für Appetithappen, die auch als hors d'oeuvres gereicht werden können.

Altbackenes Weißbrot *Essig*
Anchovisfilets *Knoblauch*
Olivenöl *Pfeffer*

Altbackenes Weißbrot in Scheibchen von 2 cm Dicke schneiden (Menge je nach Personenzahl).
Anchovisfilets waschen, mit Hilfe einer Gabel zermalmen. Eine Sauce aus ca. 3 Eßlöffel Olivenöl, etwas Essig, Pfeffer, einer zerdrückten Knoblauchzehe herstellen, Anchovis-Paste mit dieser Sauce gut vermischen, auf die vorbereiteten Brotscheiben streichen und im auf 220 Grad vorgeheizten Backofen kurz überbacken.

L'anchoïade
Überbackene
Anchovishappen

Paillettes au fromage
Käsestangen

1 Paket tiefgefrorener Blätterteig
1 Eigelb
100 Gramm Gruyère

Den Blätterteig nach Angabe auftauen, ausrollen und mit Eigelb bestreichen. Mit dem geriebenen Gruyère bestreuen, in zwei cm breite Streifen schneiden und diese wie einen Korkenzieher drehen. Nach Angabe abbacken und heiß servieren.

Petits pâtés provençaux
Blätterteigtäschchen nach Art der Provence

1 Paket tiefgefrorener Blätterteig
ca. 200 Gramm Hackfleisch
(Rind und Schwein)
1 Zwiebel
1 Knoblauchzehe
Cornichons
Salz
Pfeffer
1 Eigelb

Blätterteig wie vorgeschrieben auftauen. Eine Farce aus gemischtem Rind- und Schweinehack, Zwiebeln, Knoblauch, feingehackten Cornichons, Salz und Pfeffer herstellen. Den ausgerollten Blätterteig mit Farce belegen, und mit der Füllung kleine Hörnchen oder Minitaschen formen. Mit Eigelb bepinseln und nach Angabe abbacken.

Barquettes
Pikante Törtchen

Die kleinen „Schiffchen" werden aus *pâte brisée* in kleinen Backformen – die es inzwischen auch bei uns zu kaufen gibt – hergestellt und bei 180 bis 200 Grad goldbraun abgebacken. (Die barquettes lassen sich einige Tage in einer verschlossenen Blechdose aufbewahren, das heißt, man kann sie am Vortag vorbereiten.) Eigentlich gibt es nichts, was man nicht als Füllung verwenden könnte, zum Beispiel Geflügelsalat, Kaviar, Muscheln, Gemüsesalat etc. Hier sind der Phantasie keine Grenzen gesetzt.

Barquettes provençales
Provenzalische Schiffchen

200 Gramm Thunfisch frisch oder aus der Dose
50 Gramm Anchovisfilets
50 Gramm Cornichons
50 Gramm Kapern

Alle Zutaten in kleine Stückchen gehackt, mit *Mayonnaise* vermischen und in die barquettes füllen. Mit kleinen Cornichons-Scheiben und Kapern je nach Wunsch verzieren.

Barquettes de langouste
Langusten Schiffchen

Einige Langustinos oder Crevetten mit *Mayonnaise* evtl. kleingeschnittenen Champignons vermengen, in die Teigförmchen füllen und nach Wunsch verzieren.

Barquettes de crabes
Schiffchen mit Krabbenfleisch

Krabben zerpflücken, eine Sauce aus *Mayonnaise*, Ketchup, Cognac, Salz und Pfeffer herstellen, miteinander vermischen und in die vorbereiteten Barquettes füllen.

Canapés
Schnittchen

Vier bis fünf cm lange, aus Toastbrot ausgeschnittene Rechtecke, in Butter oder Öl leicht rösten. Vor dem Garnieren müssen sie völlig erkaltet sein. Man kann sie leicht mit Butter bestreichen und mit verschiedenem Fleisch belegen, zum Beispiel feine Filet-Scheiben vom Schwein, Huhn oder Wild, oder mit Schalen- oder Krustentieren, oder mit verschieden *gewürzter Butter* bestreichen.

Médaillons

sind wie Canapés aus Toastbrot geschnitten, jedoch rund oder oval mit einem Durchmesser von 3 bis 4 cm, werden wie diese abgebacken und bestrichen oder belegt.

Caviar d'aubergines
Provenzalische Auberginenpaste

*Auberginen
(2 bis 3 Stück pro Person)
1 bis 2 Zwiebeln
2 Knoblauchzehen*

*Olivenöl
1 Zitrone
Salz
Pfeffer*

Frische Auberginen waschen, Stiele entfernen und im Backofen bei 200 Grad backen, hin und wieder drehen. In einigen Eßlöffeln Olivenöl ein bis zwei feingehackte Zwiebeln, zwei feingehackte Knoblauchzehen ca. fünf Minuten anschmoren, in eine Schüssel geben. Wenn die Auberginen gar sind, schälen, kleinhacken und durch ein feines Sieb in einen kleinen Topf streichen, mit einigen Eßlöffeln Olivenöl unter Rühren aufkochen, dann in die Schüssel mit Zwiebeln und Knoblauch geben, gut vermischen, den Saft einer Zitrone unterrühren und mit Salz und Pfeffer würzen. Auf kleine geröstete Brotscheiben (Canapés) streichen oder zu Stangenbrot mit Butter reichen.

Tapenade oder Caviar provençale
Provenzalische Olivenpaste

*200 Gramm schwarze Oliven
100 Gramm Anchovis
200 Gramm Kapern
2 Deziliter Olivenöl*

*1 bis 2 Gläschen Cognac
Pfeffer
Zitrone
Herbes de Provence*

Die Oliven entsteinen und mit den anderen Zutaten am besten im Mixer gut vermischen. Die angegebenen Zutaten ergeben 250 g Tapenade. Man reicht die Paste zu Stangenweißbrot mit Butter oder streicht sie auf kleine Zwiebäcke oder Canapés.

Olives à la provençale
Oliven mit provenzalischen Kräutern

*150 Gramm schwarze Oliven
1 Teelöffel Thymian
1 Teelöffel Rosmarin*

*1 Lorbeerblatt
2 bis 3 Knoblauchzehen
4 bis 5 Eßlöffel Olivenöl*

Schwarze Oliven in ein Glas schichten, mit Thymian und Rosmarin, dem Lorbeerblatt, und den Knoblauchzehen würzen, mit vier bis fünf Eßlöffel Olivenöl benetzen, alles miteinander vermischen und mindestens 48 Stunden mazerieren lassen.

Champignons de Paris à la provençale
Champignons mit Kräutern

250 Gramm Champignons
½ Zitrone
1 Teelöffel Thymian
1 Teelöffel Rosmarin
1 Lorbeerblatt

2 bis 3 Knoblauchzehen
4 bis 5 Eßlöffel Olivenöl
Salz
Pfeffer

Champignons putzen, in wenig Salz-Zitronenwasser aufwallen lassen, abgekühlt in ein Gefäß schichten, salzen, pfeffern, mit den Kräutern und dem feingehackten Knoblauch würzen. Nach ca. sechs bis zwölf Stunden zum Verzehr geeignet. Sie lassen sich einige Tage im Kühlschrank aufbewahren.

Champignons de Paris au vinaigre
Champignons in Essig

250 Gramm Champignons
½ Zitrone
Salz
Pfeffer

2 bis 3 Lorbeerblätter
Senfkörner
Pfefferkörner
2 Deziliter Essig

Pilze putzen, in Salz-Zitronen-Wasser aufkochen, das Wasser abschütten und die Pilze abtropfen lassen, mit Salz und Pfeffer würzen und in ein Gefäß schichten. Lorbeerblätter, Pfefferkörner und Senfkörner in Essig aufkochen und über die Pilze gießen. Das Gefäß zudecken und bis zum Verzehr kühl lagern.

Cerises au vinaigre
Kirschen in Essig

500 Gramm Kirschen
½ Liter Weißweinessig
250 Gramm Zucker

einige Gewürznelken
1 Stange Zimt

Essig mit Gewürzen und Zucker aufkochen. Kirschen säubern und die Stiele bis auf 1 cm stutzen, dem Sud zugeben und kurz aufkochen lassen. Die Kirschen in Gläser füllen, den Sud etwas reduzieren und über die Kirschen geben. Die Gläser mit Zellophan verschließen und kühl lagern. Nach etwa 6 Wochen sind die Kirschen zum Verzehr geeignet.

Les hors d'oeuvre froids et les salades
Kalte Vorspeisen und Salate

In Frankreich beginnt jede Mahlzeit mit einem hors d'oeuvre froid oder chaud, das heißt mit einer kalten oder warmen Vorspeise, gefolgt von einem kleinen warmen Zwischengericht und – oder dem Hauptgang. Das Abendessen wird im allgemeinen in der Provence rural, ländlich, mit einer Suppe eingeleitet, an die Stelle der Suppe tritt im Sommer häufig der Salat.
Der Provenzale ißt den Salat, ob grünen oder gemischten, immer vor dem Essen, ganz im Gegensatz zu anderen Regionen Frankreichs, wo der grüne Salat immer nach dem Hauptgericht gereicht wird, und der gemischte Salat mit Eiern, Anchovis oder Oliven dekoriert, immer eine kalte Vorspeise darstellt.
Als Freund der *crudités,* Rohkost, beginne ich gerne eine Mahlzeit, ob im Winter oder Sommer, mit frischen rohen Gemüsen oder Salaten. Ein großer Korb, ausgelegt mit Blättern verschiedener Salatsorten, gefüllt mit Tomatenvierteln, Gurkenscheiben, geviertelten, mit Zitrone beträufelten Karotten, geputzten ganzen Champignonköpfen, Stückchen von Sellerie-Stangen, Scheiben von Fenchel-Knollen und verziert mit Kresse-Sträußchen, dazu eine *sauce vinaigrette* oder *l'anchoïade,* ein mit Knoblauch abgeriebenes geröstetes Brot – welch ein Genuß und Ouvertüre für ein Essen. Bei jeder Mahlzeit und jedem Gang darf ein Korb mit frischem Weißbrot nicht fehlen.
Dabei fällt mir ein, wie ich gelernt habe, eine véritable, echte *vinaigrette* zu machen.
Während der Zeit unseres Hausbaues bereitete ich eines Abends in unserer kleinen hellblauen Küche auf der „ferme bleue" eine *sauce*

vinaigrette, oder das, was ich dafür hielt, vor. Monsieur Icard, der Sohn unserer Vermieterin, der zu einem Besuch aus Algerien angereist war, schaute herein. Er redete wie seine Mutter gerne und wollte sich bei uns die Zeit mit etwas Plauderei vertreiben. Er sah mir zu, schien unglücklich über mein Tun und bat um Erlaubnis, uns eine *vinaigrette* machen zu dürfen. Er rollte die Hemdsärmel hoch, stellte eine Salatschüssel bereit, schälte zwei Knoblauchzehen, nahm eine Gabel in die linke, die Knoblauchzehen in die rechte Hand und rieb die Zehen an der Gabelspitze an der Salatschüsselwand zu einem Brei, gab einen halben Teelöffel Salz, etwas frisch gemahlenen schwarzen Pfeffer und zwei Eßlöffel Essig hinzu und verrührte alles so lange, bis das Salz sich aufgelöst hatte, dann gab er drei bis vier Eßlöffel Olivenöl dazu und erklärte, daß, wenn man wolle, ein halber Teelöffel Moutarde de Dijon sehr gut sei, dabei rührte er die Sauce kräftig, bis sich alle Zutaten vermischt hatten und fast breiig wurden. Das Ganze wurde sehr ernsthaft zelebriert, er sprach davon, daß zu viel Essig den Salat verdirbt und daß ein altes provenzalisches Sprichwort sagt: „Derjenige, der Salz gibt, muß ein Weiser sein, der, der den Essig zugibt, ein Geiziger, und der, der das Öl gibt, ein Verschwender."
Er war wohl alles in einer Person, wir aßen den köstlichsten Salat.

Légumes froids
Kalte Gemüseplatte

Verschiedene Gemüse je nach Saison, zum Beispiel Spargel, Bohnen, Karotten, Sellerie, Artischocken, Rote Bete einzeln in wenig Salzwasser blanchieren (al dente, also knackig), erkalten lassen und auf eine mit Salatblättern ausgelegte Schüssel dekorieren. Dazu kann eine *sauce aïoli*, eine *sauce vinaigrette* eine *anchoïade* oder eine *sauce aux anchois* gereicht werden.

Hors d'oeuvre variés
Gemischte Vorspeisen

In verschiedenen kleinen Schüsseln werden verschiedene Salate etc. angerichtet. Dazu kann man Pasteten, Terrinen oder die bekannte Wurst aus Arles reichen.

Coeurs d'artichauts
Artischocken-Herzen

(Aus der Dose, wenn man mag), in einer *sauce vinaigrette* mit gehackter Petersilie bestreut anrichten.

Artichauts en marinade
Artischocken in Marinade

Pro Person zwei bis drei sehr kleine Artischocken in einer Kasserolle mit einem halben Liter Wasser, sechs Eßlöffel Olivenöl, Saft von zwei Zitronen, einer Prise Salz, frischem gemahlenem schwarzem Pfeffer, einem *bouquet garni* mit Sellerie, Thymian, Lorbeer, Fenchel und Knoblauch, zum Kochen bringen und lebhaft kochend garen. Die Artischocken in dem Jus erkalten lassen und servieren.

Pois chiches en salade
Kichererbsen-Salat

Die pois chiches am Vortag in lauwarmem Wasser mit Salz und etwas Mehl einweichen. Am nächsten Tag die abgetropften Erbsen in frischem Wasser zum Kochen bringen (evtl. etwas Bikarbonat zugeben um die Kochzeit zu verkürzen. In der Provence geben viele Hausfrauen etwas Zucker zu und erreichen dasselbe.) Nach 20 Minuten Kochzeit das Wasser abgießen, und die pois chiches in frischem Wasser wiederum zum Kochen bringen. Mit Salz und Pfeffer würzen. Wenn die Kichererbsen gar sind, abgießen, das Sudwasser für eine *soupe de pois chiches* verwenden. Die Erbsen mit wenig Essig, Olivenöl, einer kleinen gehackten Zwiebel, Salz und Pfeffer vermischen und nach dem Erkalten servieren.

Eier hart kochen, erkalten lassen und schälen, längs halbieren, das Eigelb herausnehmen und mit *tapenade* vermengen, eventuell noch einige Tropfen Olivenöl zufügen. Mit Hilfe eines Spritzbeutels in die Eihälften füllen.

Demi oeufs durs garnis de tapenade
Eier garniert mit Olivenpaste

Rote Bete (zwei für vier Personen) garkochen, schälen und erkalten lassen. In einer *sauce vinaigrette* mit reichlich gehacktem Knoblauch und Petersilie anmachen, eine halbe Stunde ziehen lassen.

Betterave rouge en salade
Rote-Bete-Salat

Salatkartoffeln in der Schale garkochen, erkalten lassen, häuten, in Würfel schneiden. In einer *sauce vinaigrette* mit reichlich gehacktem Knoblauch, gehackter Petersilie und schwarzen Oliven anmachen und eine halbe Stunde ziehenlassen.

Salade de pommes de terre
Kartoffelsalat

Pro Person ein bis zwei Paprikaschoten (gelb oder rot) waschen und auf ein Backblech legen, unter den Grill oder in den Backofen geben, hin und wieder wenden um sie gleichmäßig zu garen. Abkühlen, häuten, entkernen und in Streifen schneiden. In eine kleine Schüssel schichten, salzen, pfeffern, mit Olivenöl begießen, während fünf Stunden marinieren, kalt servieren.

Les poivrons grillés à l'huile
Paprikaschoten in Öl

Tomates garnies à la macédoine
Gefüllte Tomaten mazedonischer Art

Pro Person ein bis zwei feste Tomaten gleicher Größe auswählen, die Stielseite abschneiden, Kerne und Gehäuse herauslösen, salzen und umgekehrt auf Küchenkrepp stellen. Währenddessen einen Gemüsesalat herstellen, das heißt, klein geschnittene Karotten, Erbsen, Spargel, Sellerie in üblicher Weise blanchieren, nach dem Erkalten mit etwas *Mayonnaise,* gehackter Petersilie und Kresse vermischen und in die Tomaten füllen.

Tomates garnies aux oeufs
Gefüllte Tomaten mit Eiern

Die Tomaten wie bei obigem Rezept vorbereiten. Für 4 Personen eine Füllung bereiten aus: 4 kleingehackten hartgekochten Eiern, einem Eßlöffel Kapern, vier kleingeschnittenen Anchovisfilets, drei bis vier Eßlöffel *Mayonnaise,* vermischt mit einer zerriebenen Zwiebel und einem halben Teelöffel Senf (Moutarde de Dijon). In die Tomaten füllen und auf Salatblättern anrichten.

Salade niçoise
Nizza-Salat

Kopfsalat
Tomaten
Paprikaschoten
Stangensellerie
Anchovisfilets
Thunfisch
schwarze Oliven
Eier
Petersilie
Basilikum
Sauce vinaigrette

Es gibt eine Vielzahl von Möglichkeiten, einen salade niçoise zusammenzustellen. Man macht die Zusammenstellung abhängig von dem, was die Saison anbietet oder von dem, was in der Küche ist. Dabei sollten nie hartgekochte Eier, schwarze Oliven, Anchovisfilets und marinierter Thunfisch fehlen. Meine Facon ist folgende: Kopfsalat putzen und waschen. Die gut abgetropften Blätter zuunterst in eine Schüssel legen, darüber entkernte und in Viertel geschnittene Tomaten, in Streifen geschnittene Paprikaschoten, in Ringe geschnittene Sellerie-Stangen, darüber pro Person ein Ei in

zwei Hälften geschnitten, zwei bis vier Anchovisfilets und eine Dose zerpflückten Thunfisch und ca. 50 Gramm schwarze Oliven. Großzügig mit gehackter Petersilie und Basilikum bestreuen, darüber eine *sauce vinaigrette* (mit viel Olivenöl) geben und servieren.
In manchen Gegenden gehören gekochte, kleingeschnittene Kartoffeln und grüne Bohnen ebenfalls in den salade niçoise.

Oeufs à l'ail
Eier mit Knoblauch-Sauce

Pro Person ein Ei, *Kapern*
ein bis zwei Knoblauchzehen, *Öl*
ein Anchovisfilet *Essig*

Die Knoblauchzehen in Wasser ca. 15 Minuten garen, die Anchovisfilets wässern und auf Küchenkrepp trocknen, dann mit den garen Knoblauchzehen zerdrücken, mit etwas Olivenöl, Essig und Pfeffer verrühren. Die Sauce auf eine kleine Platte geben, die hartgekochten geviertelten oder halbierten Eier daraufsetzen und servieren.

Aubergines provençales
Provenzalische Auberginen

Pro Person eine Aubergine dünn schälen, in Längsscheiben von einem halben Zentimeter Dicke schneiden, mit Salz bestreut ca. 1 Stunde ruhen lassen. Auf Küchenkrepp abtropfen, in Mehl wenden und in heißem Olivenöl goldgelb ausbacken. Auf ein Sieb oder Küchenkrepp legen, damit das restliche Öl abtropfen kann. Auf einer großen Platte anrichten mit *sauce tomate provençale* bedecken, mit schwarzen Oliven verzieren und kalt servieren.

Les pâtés et les terrines
Pasteten und Terrinen

Wer in der Provence die raffinierte Pastete oder Terrine sucht, wird enttäuscht sein, denn die Pasteten der Provence sind ruralen Ursprungs, was nicht etwa gegen sie spricht, sondern ihren Geschmack erklärt. Übrigens kann eine Pastete auch eine Terrine sein, die Bezeichnung Terrine bezieht sich auf das Steingut-Gefäß, in dem sie gegart worden sind.
Um anfängliche Angst bei der Pasteten-Herstellung zu überwinden, hier einige Tips:
um festzustellen, wann eine Pastete gar ist, kontrolliert man die heraustretende Flüssigkeit. Ist sie goldgelb, ist die Pastete gar.
Als grobe Richtlinie kann man für ein Pfund Farce eine halbe Stunde Garzeit rechnen.
Alle Pasteten und Terrinen, mit Ausnahme der im Teigmantel, werden im Backofen im Wasserbad gebacken. Die Form muß bis zur Hälfte im Wasser stehen, eventuell muß während der Garzeit Wasser nachgefüllt werden.
Sollten Sie Geflügelleber im Ganzen verwenden, empfielt es sich, diese kurz in Butter anzubraten.
Zum Erkalten die Pastete oder Terrine mit einem Brettchen in Pasteten-Größe und einem Gewicht beschweren.
Alle Terrinen und Pasteten sollten mindestens 24 Stunden zwischen Zubereitung und Verzehr „ruhen", erst dann haben sie ihr volles Aroma entfaltet.

Terrine maison
Terrine nach Art des Hauses

10 Personen

300 Gramm Geflügelleber, in grobe Würfel geschnitten
300 Gramm Kalbsleber,°
150 Gramm magerer, ungeräucherter Speck,°
300 Gramm Schweineschulter,°
(°durch den Fleischwolf gedreht)
250 Gramm in ca. 3 mm dicke Scheiben geschnittener ungeräucherter fetter Speck
1 Ei
5 Nelken
50 Gramm Kartoffelmehl
20 Gramm Oregano
15 Gramm Kerbel
20 Gramm Salbei
15 Gramm Pfefferkörner
Salz
1 Glas Cognac
25 Gramm Petersilie, fein gehackt
2 Lorbeerblätter

Die gewürfelte Geflügelleber in Butter scharf anbraten, zu dem durchgedrehten Fleisch geben, ebenso das Ei, Kartoffelmehl und die Gewürze, alles gut miteinander vermengen. In eine mit den Speckscheiben ausgelegte Terrine füllen, mit einer Speckscheibe zudecken, die Lorbeerblätter daraufgeben und dicht verschließen. Im Wasserbad im Backofen ca. eindreiviertel Stunden garen. Erkalten lassen wie beschrieben.

Terrine de faisan
Fasanen-Terrine

8 bis 10 Personen

1 Fasan (ca. 1,5 Kilogramm)
200 Gramm Kalbfleisch
600 Gramm gemischtes Hackfleisch
4 Eier
2 Eßlöffel Cognac
Salz
Pfeffer
2 Wacholderbeeren
Ca. 250 Gramm fetter Speck in ca. 3 mm dicke Scheiben geschnitten

Den Fasan entbeinen, die ausgelösten Filets zur Seite legen. Das restliche Fasanenfleisch durch den Fleischwolf geben, ebenso das Kalbfleisch. Das Hackfleisch mit der durchgedrehten Fleischmasse, Salz, Pfeffer, Eiern und Cognac, zwei Wacholderbeeren, gut vermischen, und in die mit den Speckscheiben ausgelegte Terrine in wechselnden Schichten einfüllen, das heißt eine Schicht Farce, eine Schicht Filet, fein geschnitten, etc. mit einer Schicht Farce abschließen. Mit Speckscheiben abdecken, ein Lorbeerblatt darübergeben und die Terrine dicht verschließen. Im Backofen bei ca. 200 Grad im Wasserbad anderthalb bis zwei Stunden garen.

Rillettes
Pastete
mit Gänsefleisch

10 Personen
1,2 Kilogramm Schweinenacken
1 Gänsekeule (½ Kilogramm)
1,7 Liter Wasser
1 Teelöffel Salz

3 Lorbeerblätter
2 Eßlöffel Thymian
2 Teelöffel frischgemahlener schwarzer Pfeffer

Fleisch mit Gewürzen in kaltem Wasser aufsetzen und während fünf Stunden im offenen Topf leise kochen lassen. Das Fleisch aus dem Topf nehmen, Haut und Knochen entfernen, mit zwei Gabeln faserig zerreißen, mit der restlichen Brühe verrühren und in einen Tontopf pressen. Erkalten lassen.

Terrine de foie de volaille truffé
Getrüffelte Geflügelleber-Terrine

8 bis 10 Personen
700 Gramm Geflügelleber (wenn möglich mindestens drei von Pute, Ente oder Gans)
250 Gramm fetten Speck in ca. 3 mm dicke Scheiben geschnitten
250 Gramm durchwachsenen frischen Speck
150 Gramm Kalbfleisch
1 Zwiebel
6 Schalotten

1 Ei
1 Eßlöffel Petersilie, sehr fein gehackt
6 Eßlöffel Cognac
3 Eßlöffel crème fraîche
1 kleine Dose Trüffel
Salz
Pfeffer
Quatre épices

Die Leber schnell waschen, vorsichtig auf Küchenkrepp trocknen. Den durchwachsenen mageren Speck und das Kalbfleisch in Stücke schneiden und mit der Leber in eine Schüssel geben, salzen, pfeffern und eine Prise *quatre épices* dazugeben. Die äußere Schicht der Trüffel fein abschälen und hacken. Zu der Leber und dem Fleisch geben, den Jus der Trüffel mit Cognac mischen und ebenfalls hinzugeben, vermengen und während drei bis fünf Stunden mazerieren.
Zwei bis drei Lebern in Butter scharf anbraten, auf die Seite legen, die restliche Leber und das Fleisch ebenfalls aus der Marinade nehmen, abtropfen lassen, die Zwiebel und Schalotten schälen und fein hacken, mit dem Fleisch und der Leber durch den Fleischwolf mit sehr feiner Scheibe drehen. Mit Petersilie und den in feine Streifen geschnittenen Trüffeln vermischen. Das Ei mit Cognac, *crème fraîche* und der

Marinade kräftig verrühren und unter die Fleischmasse geben, mit Salz und Pfeffer abschmecken. Die Hälfte der Farce in eine mit Speckscheiben ausgelegte Terrine geben, die angebratenen Lebern in die Mitte der Pastete legen und den Rest der Farce einfüllen. Obacht geben, daß keine Luftblasen entstehen! Die Oberfläche glattstreichen, mit Speckscheiben abdecken und die Terrine dicht verschließen. Im Wasserbad im Backofen bei 200 Grad ca. 20 Minuten garen. Die Temperatur auf 160 Grad stellen und zu Ende garen.

Pâté de foie de volaille en croûte
Geflügelleberpastete im Teigmantel

10 Personen
250 Gramm Geflügelleber
500 Gramm fetter Speck
2 Eier
1 Deziliter Cognac
1 Deziliter konzentrierte Fleischbrühe
Quatre épices
Salz
Pfeffer
1 Dose Trüffel
Ca. 500 Gramm tiefgefrorener Blätterteig

Die Leber für drei Tage in Cognac einlegen (im Kühlschrank aufbewahren). Leber abtropfen lassen und fein würfeln, ebenso den Speck, beides miteinander vermengen, die Bouillon, Salz, Pfeffer, Gewürze und die geschlagenen Eier zufügen und durchkneten, man erhält einen glatten Teig. Zwei Drittel des nach Vorschrift aufgetauten Blätterteigs ausrollen, den Boden und die Seiten der Pastetenform damit auslegen. Den Fleischteig einfüllen und die Pastete gut mit Blätterteig verschließen, mit Eigelb bestreichen. In der Mitte des Teigdeckels einen „Kamin" mit Hilfe eines kleinen Papierröllchens herstellen. Im Backofen bei 230 Grad ca. 2 Stunden backen.

Gâteau de foie
Leberpastete

Leber vom Stall- oder Wildhasen mit der gleichen Menge fettem oder magerem geräuchertem Speck grob durch den Fleischwolf drehen. Ein Brötchen in Milch eingeweicht und gut ausgedrückt zufügen, ebenso ein ganzes Ei. Mit Salz, Pfeffer und Wacholder würzen. In eine gefettete Pastetenform geben und im Backofen im Wasserbad bei 180 bis 200 Grad garen. Der gâteau de foie wird in der Pastetenform serviert.

Terrine de lapin de garenne aux pruneaux
Kaninchen-Terrine mit Pflaumen

6 Personen
1 Wildkaninchen
Ca. 1,2 Kilogramm
250 Gramm geräucherter Speck
in 1 cm große Würfel geschnitten
3 bis 4 Karotten
300 Gramm Trockenpflaumen
3 Schalotten
1 bouquet garni
1 Kalbsknochen
2 bis 3 Eßlöffel Cognac
1 Eßlöffel Olivenöl
½ Glas trockener Weißwein
1 Tüte „Gelee au porto"
notfalls Gelatine
½ Kalbsfuß
Etwas Speckschwarte
Salz
Pfeffer

Karotten schälen, in Scheiben schneiden, die Hälfte davon in eine Kasserolle mit kleingehackten Schalotten geben, den Kalbsfuß, den Kalbsknochen, die Speckschwarte und das *bouquet garni* zugeben, Weißwein und gleiche Teile Wasser zufügen, salzen, pfeffern und auf kleiner Flamme eine Stunde kochen. Die Kaninchen vorbereiten, in Stücke schneiden, in Öl anbraten, mit Cognac begießen, flambieren und vom Feuer nehmen. Nach dem Erkalten entbeinen und in Würfel schneiden. Pflaumen entsteinen, in jede zweite Pflaume ein Speckstück stecken. Die Form mit der gekochten Speckschwarte einreiben, das kleingeschnittene Fleisch, Pflaumen, Karotten und den Rest vom gewürfelten Speck in der Form anordnen. Die Bouillon durchsieben, den Inhalt der Tüte Gelatine zugeben und über das Fleisch in die Terrine gießen. Während einer Stunde im Backofen backen (bei geringer Hitze und nicht im Wasserbad! Wenn nötig, von Zeit zu Zeit Bouillon zugeben).

Terrine de lapin
Kaninchenterrine

10 bis 12 Personen
2 Kaninchenschlegel (Keule)
1 Kaninchenleber
300 Gramm mageres
Schweinefleisch
300 Gramm mageres Kalbfleisch
300 Gramm frischer Speck in
Streifen geschnitten
250 Gramm frischer Speck in
Scheiben von ca. 3 mm geschnitten
Ca. 1 Eßlöffel Thymian
1 Glas Cognac
1 Glas Madeira
Ca. 2 Gläser Weißwein
20 Gramm Salz
Pfeffer

In die erste Schüssel zwei bis drei Speckstreifen und die entbeinten Schenkelstücke der Kaninchen geben.

In eine zweite Schüssel den Rest des Specks, die Leber und das in 2 cm lange Streifen geschnittene Kalb- und Schweinefleisch für die Farce geben. In jede Schüssel Salz, Pfeffer, Thymian, Cognac, Weißwein und Madeira zu gleichen Teilen geben. Während 24 Stunden stehen lassen. Inhalt der zweiten Schüssel für die Füllung grob durch den Fleischwolf drehen, eine Form mit Speckscheiben auslegen, mit einer Schicht Farce, einer Schicht Fleisch etc. füllen, mit einer Schicht Farce abschließen. Mit Speckscheiben bedecken und die verschlossene Terrine im Wasserbad im Backofen während 50 bis 60 Minuten bei 200 Grad garen.

Pâté de canard
Entenpastete

6 bis 8 Personen
1 Ente
350 Gramm gemischtes Hackfleisch
350 Gramm Kalbfleisch
50 Gramm fetter Speck
1 Dose Trüffel
2 Eier
250 Gramm fetter Speck, in ca. 3 mm dicke Scheiben geschnitten
1 Glas Cognac
50 Gramm Pistazien
Salz
Pfeffer
Eine Prise quatre épices

Die Ente entbeinen, das Brustfleisch zur Seite legen. Die restlichen Fleischteile mit dem Kalbfleisch und dem Speck (50-Gramm-Stück) durch den Fleischwolf drehen. Eier, Gewürze, Salz, Pfeffer und die gehackten Trüffel zugeben. Die Pastetenform mit Speckscheiben auslegen, eine Schicht Farce einfüllen, mit Cognac beträufeln, eine Schicht in Streifen geschnittene Entenbrust und Pistazien, danach eine Schicht Farce, etc. Mit einer Schicht Farce enden, mit Speckscheiben bedecken, ein Lorbeerblatt auflegen, ebenso einen Zweig Thymian. Die Form dicht verschließen und im Backofen im Wasserbad eineinhalb Stunden bei 180 bis 200 Grad garen.

Les entrées chaudes
Warme Vorspeisen

Besonders im Winter liebt man die kleinen warmen Vorgerichte, denen dann der Hauptgang folgt. Häufig habe ich jedoch in der Provence erlebt, daß bei einem Abendessen nach einer Suppe oder einem Salat ein sogenanntes „Entrée chaude" als Hauptgericht gereicht wird. Das hat uns sehr gefallen, und ich habe diese kleinen Gerichte, die zum Teil schon fast zum Kapitel der Gemüse zählen sollten, in vielen Variationen zubereitet. Man kann auch viele der kommenden Gerichte auf Törtchengröße verkleinern.

Caillettes provençales
Provenzalische Hackfleischklößchen

4 bis 6 Personen
1 Kilogramm grobes Mett
200 Gramm Schweineleber
500 Gramm Spinat (frisch oder tiefgefroren)
Thymian
Lorbeer
Salbei
Pfeffer
Salz
1 crépine (Darmnetz)

Mett mit der in Stückchen geschnittenen Leber vermischen, den abgebrühten Spinat unter die Fleischmasse mengen, würzen mit Pfeffer und Salz, Thymian und Lorbeer. Zu kleinen Bällchen (ca. 50 g) formen und in die crépine einwickeln, mit einem Salbeizweig bedecken und in eine mit Schmalz ausgefettete Form legen. Im Backofen bei leichter Hitze (ca. 175 Grad) langsam während einer dreiviertel Stunde backen. Man kann dazu eine *sauce tomate provençale* reichen. Die caillettes können auch als kalte Vorspeise gereicht werden.

Soufflés
Aufläufe

¹/₄ Liter Milch oder Sahne
4 Eier
40 Gramm Butter
30 bis 40 Gramm Mehl

Aus diesen Zutaten bereitet man die Soufflémasse, indem man aus der Butter und dem Mehl eine helle Mehlschwitze bereitet, diese mit der Milch oder der Sahne auffüllt und unter ständigem Rühren dick einkochen läßt. Die Eigelb in die fertige Sauce geben, die Eiweiß zu festem Schnee schlagen und zur weiteren Verwendung bereit stellen.

Soufflé au fromage
Käseauflauf

100 Gramm geriebenen Gruyère oder Emmentaler in die vorbereitete Soufflémasse rühren, den festen Eischnee vorsichtig unterheben und mit Salz, Pfeffer und Muskat abschmecken, in eine hohe gefettete Souffléform geben, mit 2 Eßlöffel geriebenem Käse bestreuen und im Backofen bei 180 Grad bis 200 Grad ca. 50 Minuten backen.

Soufflé provençal
Provenzalischer Auflauf

Vier bis fünf Tomaten häuten, entkernen und in Würfel schneiden, zwei bis vier Knoblauchzehen zerdrücken, ein Bund Petersilie fein hacken und während 20 Minuten in Olivenöl schmoren. Salzen, pfeffern und unter die vorbereitete Soufflémasse geben. Den festen Eischnee unterrühren und weiter verfahren wie beim soufflé au fromage.

Soufflé aux épinards
Spinatauflauf

Ca. 750 Gramm Spinat putzen, in Salzwasser abkochen, abtropfen lassen, grob hacken und in die vorbereitete Soufflémasse geben, den festen Eischnee unterziehen mit etwas Muskatnuß abschmecken und verfahren wie beim soufflé au fromage.

Soufflé aux courgettes
Zucchiniauflauf

Sechs bis acht courgettes (Zucchini) klein raspeln, salzen, ca. 15 Minuten Wasser ziehen lassen. In einem Tuch auspressen und unter die vorbereitete Soufflémasse geben. Den festen Eischnee unterziehen und verfahren wie beim soufflé au fromage.

Pissaladière
Provenzalische Pizza

6 Personen
Teig:
500 Gramm Mehl
1 Ei
2 Eßlöffel Olivenöl
1 Deziliter lauwarmes Wasser
5 Gramm Hefe

Garnitur:
4 Knoblauchzehen
2 Kilogramm Zwiebeln
8 Anchovisfilets
100 Gramm schwarze Oliven
4 Eßlöffel Olivenöl
1 Zweig Thymian
Salz
Pfeffer

Aus den genannten Zutaten einen weichen und geschmeidigen Teig herstellen (notfalls noch etwas Wasser zufügen), mit einem Tuch bedecken, ein bis zwei Stunden gehen lassen. Währenddessen die Zwiebeln schälen, in Scheiben schneiden, in einer Pfanne mit drei Eßlöffeln Olivenöl, den Knoblauchzehen und Thymian während ein bis zwei Stunden dünsten (damit alles Wasser verdampft und nur die gebräunten Zwiebeln bleiben). Den Backofen auf 200 Grad vorheizen, den Teig auf das eingefettete Backblech legen, die Zwiebeln darüber verteilen und während 30 Minuten abbacken. Vor dem Servieren mit Anchovis und Oliven belegen.

Tarte de blettes
Mangold-Kuchen

1 Kilogramm Mangold
Briocheteig

Béchamelsauce
50 Gramm geriebener Gruyère

Pâte à brioche oder eine *pâte brisée* aus 250 Gramm Mehl und entsprechenden Zutaten herstellen. Während der Teig ruht, das Gemüse waschen, nur die grünen Blatteile verwenden (die weißen Teile lassen sich zu einem Gemüse weiterverarbeiten). Die Blätter sehr fein hacken und unter eine vorbereitete *sauce mornay* oder *béchamel* rühren. Mit geriebenem Gruyère bestreuen, mit einigen Tropfen Olivenöl benetzen und im Backofen auf der untersten Schiene bei 200 Grad 40 bis 50 Minuten backen.

Crêpes aux courgettes
Zucchini-Pfannkuchen

4 Personen
4 bis 6 Zucchini
2 bis 3 Eier
¼ Liter Milch
3 gehäufte Eßlöffel Mehl
Salz
Olivenöl
Butter

Courgettes (Zucchini) waschen, Stiele und Blüten entfernen, grob raspeln, salzen, und 15 bis 30 Minuten stehen lassen. Währenddessen einen Pfannkuchenteig aus zwei bis drei ganzen Eiern, einem Viertelliter Milch, drei gehäuften Eßlöffeln Mehl und einer Prise Salz herstellen (der Teig muß dickflüssiger sein als für einen ungefüllten Pfannkuchen).
Die geraspelten, entwässerten courgettes in einem Tuch gut ausdrücken und unter den Teig geben. In einer Pfanne Olivenöl und Butter zu gleichen Teilen erhitzen und möglichst dünne crêpes knusprig backen.

Tarte aux épinards
Spinat-Kuchen

4 Personen
750 Gramm Spinat
Pâte brisée
100 Gramm Gruyère oder Emmentaler
4 Eier
5 Eßlöffel crème fraîche
Paniermehl
Olivenöl

Eine *pâte brisée* herstellen, eine Tortenform von 26 cm Durchmesser damit auslegen. Den Spinat putzen, in Salzwasser aufkochen, abschütten und gut abtropfen lassen bzw. ausdrücken, mit geriebenem Gruyère (oder Emmentaler), den Eiern, 5 Eßlöffeln *crème fraîche* vermischen und auf den Tortenboden geben, leicht mit Paniermehl bestreuen, mit einigen Tropfen Olivenöl beträufeln und 40 Minuten bei 200 Grad auf unterstem Einschub im Backofen backen.

Diese Rezepte lassen sich durch Verwendung anderer Gemüse wie zum Beispiel Spargel, Lauch, Tomaten usw. variieren.

Tourte aux anchois
Gedeckter Anchovis-Kuchen

4 Personen
1 Paket tiefgekühlter Blätterteig
4 Eigelb
Anchovisfilets
1 Teelöffel Butter
½ Glas Milch
2 Eßlöffel Mehl

Ein Paket tiefgekühlten Blätterteig nach Vorschrift auftauen. Eine Farce herstellen:
Einen Teelöffel Butter in einem Töpfchen auf dem Herd auflösen, zwei Eßlöffel Mehl zugeben, verrühren und ein halbes Glas heiße Milch zufügen. Drei Eigelb und zwei bis drei Anchovisfilets (durch ein feines Sieb gestrichen) in die Sauce geben und kaltstellen. Einige Anchovis reinigen, wässern und filieren.
Den Blätterteig in zwei gleiche Teile teilen und zu zwei gleich großen runden Böden ausrollen. Einen Boden auf ein mit Wasser abgespültes Backblech geben, mit der Farce bestreichen, einen Rand von 3 cm freilassen, mit den Anchovisfilets dekorieren, den Rand mit Wasser befeuchten und den zweiten Boden exakt auf den ersten legen. Mit einem Pinsel ein verquirltes Eigelb über den Teig streichen und im Backofen bei 200 bis 220 Grad abbacken.
Diese Torte läßt sich in beliebiger Größe und Form herstellen.

Omelette à l'oseille
Sauerampfer-Omelett

2 Eier pro Person
Sauerampfer
Butter
Salz
Pfeffer
Olivenöl

Ein Omelett läßt sich immer nur für 2 Personen zubereiten, gegebenenfalls müssen mehrere Omelette gebacken werden. Sauerampfer waschen und klein hacken. In einem Topf mit einem Stück Butter andünsten. Währenddessen die benötigten Eier in einer Schüssel mit Pfeffer und Salz verschlagen und mit dem Sauerampfer vermischen. In einer Pfanne Butter oder Olivenöl erhitzen und das Omelett backen. (Die Oberfläche darf nicht ganz fest sein).

Übereinanderschlagen und servieren.
Will man ein Omelett füllen, so gibt man Käse oder die gewünschte Füllung auf die Oberseite, klappt das Omelett übereinander und serviert.

Omelette à l'oignon
Zwiebel-Omelett

2 Eier pro Person
1 Zwiebel pro Person
Salz
Olivenöl

Große Gemüsezwiebeln in feine Scheiben schneiden, salzen und in Olivenöl während einer Stunde auf kleiner Flamme dünsten. Die Eier verschlagen, die Zwiebeln hineingeben und das Omelett backen (siehe omelette à l'oseille).

Omelette aux tomates
Tomaten-Omelett

2 Eier pro Person
Tomaten
Butter
Salz
Pfeffer
Olivenöl

Tomaten häuten, halbieren, die Kerne entfernen, in feine Scheiben schneiden, in Butter andünsten, salzen und pfeffern und weiter verfahren wie bei omelette à l'oseille.
Man kann auch in umgekehrter Weise verfahren, indem man die Gemüse in der Pfanne andünstet und die verschlagenen Eier darübergibt.

Gâteau de tomates à l'ail
Tomatenkuchen mit Knoblauch

<u>*4 bis 6 Personen*</u>
8 bis 10 Eier
4 Eßlöffel Milch
1 Eßlöffel Mehl
Sauce tomate provençale
2 Knoblauchzehen
1 Bund Petersilie
Salz
Pfeffer

Die Eier mit der Milch und dem Mehl verrühren, mit etwas Salz und Pfeffer würzen. Ca. acht bis zehn Eßlöffel *sauce tomate provençale*, zwei feingehackte Knoblauchzehen und einen Bund feingehackte Petersilie unter die Eiermasse geben und in eine mit Alufolie ausgelegte Backform (22 cm Durchmesser) geben und bei 200 Grad im Backofen stocken lassen. Der gâteau kann warm und kalt gegessen werden.

Les farcis provençaux
Gemüse mit Hackfleischfüllung überbacken

Der Speiseplan im Sommer wird durch die verschiedenen „farcis" bestimmt, die die Provenzalen sehr lieben. Man versteht darunter Gemüse mit Hackfleischfarce gefüllt, in einer Gratinschüssel, einer flachen Auflaufform, im Backofen überbacken. „farcis" werden meist als Hauptgerichte gereicht, obwohl sie eigentlich Zwischengerichte sind.

Aubergines farcies
Gefüllte Auberginen

<u>4 Personen</u>
4 Auberginen
250 Gramm Hackfleisch
6 bis 7 Knoblauchzehen
2 große Zwiebeln
Salz
Pfeffer
Thymian
Sauce tomate provençale
Geriebener Gruyère

Eine *sauce tomate provençale* aus ca. 1 kg Tomaten herstellen. Auberginen mit Knoblauch-Stiften spicken, in Salzwasser acht bis zehn Minuten abkochen. In Olivenöl die kleingehackten Zwiebeln mit vier kleingehackten Knoblauchzehen und dem Hackfleisch anbraten, salzen und pfeffern und in die längs aufgeschnittenen Auberginen füllen. In eine Gratin-Schüssel die Hälfte der Tomatensauce füllen, die Auberginen, gefüllt mit der Hackfleischmischung darauflegen, die restliche Tomatensauce darübergeben, mit geriebenem Käse bestreuen und im Backofen bei 200 Grad 30 Minuten gratinieren.

Tomates farcies
Gefüllte Tomaten

4 Personen
8 Tomaten
300 Gramm gemischtes
Hackfleisch
2 Knoblauchzehen
1 bis 2 Eier
Altbackenes Weißbrot
Geriebener Käse
Petersilie
Paniermehl
Salz
Pfeffer
Olivenöl

Pro Person zwei große feste Tomaten. Die Stielseite abschneiden, mit Hilfe eines Löffels Kerne und Zwischenwände herauslösen, salzen und umgekehrt auf Küchenkrepp zum Abtropfen geben. Eine Farce aus gemischtem Hackfleisch, zerdrückten Knoblauchzehen, ein bis zwei ganzen Eiern, etwas altbackenem Brot, in Milch eingeweicht, etwas geriebenem Käse und fein gehackter Petersilie herstellen, mit Salz und Pfeffer würzen, in die Tomaten füllen, in eine gebutterte Gratin-Schüssel geben. Die Tomaten leicht mit Paniermehl bestreuen, mit Olivenöl beträufeln und im Backofen bei 200 Grad 45 bis 60 Minuten gratinieren.

Courgettes farcies
Gefüllte Zucchini

4 Personen
4 Zucchini
300 Gramm gemischtes
Hackfleisch
2 Knoblauchzehen
1 bis 2 Eier
Altbackenes Weißbrot
Geriebener Gruyère
Petersilie
Paniermehl
Salz
Pfeffer
Olivenöl

Die vorbereiteten courgettes der Länge nach halbieren, das Innere herauslösen, feinhacken, salzen und nach einer Viertelstunde mit einem Tuch alle Flüssigkeit herausdrücken. Mit einer Farce wie bei „tomates farcies" vermischen und in die gesalzenen courgettes füllen. Im weiteren verfahren wie bei „tomates farcies".

Poivrons farcis
Gefüllte Paprikaschoten

Ebenso verfahren wie bei „tomates farcies"

Courgettes farcies au riz
Zucchini mit Reis

4 Personen
4 Courgettes
1 Tasse Reis
200 Gramm Lammschulter,
durch den Fleischwolf gedreht

1 Eigelb
Salz
Pfeffer
Olivenöl

Den Reis abkochen. Die courgettes waschen, beide Enden abschneiden und mit einem Apfelausstecher oder spitzen Messer aushöhlen, das Fruchtfleisch zur Seite stellen. Den Reis mit dem durchgedrehten Fleisch vermengen, würzen und in die courgettes füllen. Die courgettes in Olivenöl anbraten, wenn sie Farbe angenommen haben, das Fruchtfleisch zugeben und mit einer Tasse Wasser auffüllen. Ca. 30 Minuten auf kleiner Flamme köcheln lassen. Vor dem Servieren den Jus mit einem Eigelb legieren und mit Zitronensaft abschmecken.

Oignons farcis
Gefüllte Zwiebeln

4 Personen
4 große Gemüsezwiebeln
Ca. 200 Gramm gemischtes
Hackfleisch
1 Ei
1 altbackenes Brötchen in Milch
eingeweicht

Knoblauch
Salz
Pfeffer

Die Zwiebeln schälen und ca. 45 Minuten in kochendem Salzwasser garen. Währenddessen die Farce aus den übrigen Zutaten herstellen. Die garen Zwiebeln aushöhlen, das Innere fein hacken und zu der Farce geben. Die Zwiebeln füllen, in eine gefettete Gratin-Schüssel geben, mit wenig Paniermehl bestreuen, mit Olivenöl beträufeln und im Backofen bei ca. 200 Grad 30 Minuten abbacken.

Courgettes au gratin
Überbackene Zucchini

4 Personen
4 bis 6 courgettes
300 Gramm Hackfleisch
1 Zwiebel
Geriebener Käse
Salz
Pfeffer
Olivenöl
Sauce tomate provençale

Vier bis sechs courgettes in zwei cm dicke Scheiben schneiden, in Öl anbraten, mit Pfeffer und Salz würzen, ca. 10 Minuten schmoren und dann in eine Gratin-Schüssel geben. In der gleichen Pfanne das Hackfleisch mit einer feingehackten Zwiebel anbraten, würzen und über die courgettes schichten. Aus ca. einem Kilo Tomaten eine *sauce tomate provençale* herstellen und über die Hackfleischschicht geben. Mit geriebenem Käse überstreuen, im Backofen bei 200 Grad 20 bis 30 Minuten überbacken.

Les soupes et plats provençaux
Suppen und provenzalische Spezialitäten

Der Provenzale beginnt seine Mahlzeiten mit einer Suppe oder einem Salat. In manchen Gegenden wird die Suppe zu Mittag gegessen, während der Salat dem Abend vorbehalten bleibt, in anderen ist es umgekehrt, so vor allem auf dem Lande, bei den paysans, den Bauern, die abends hungrig und müde von den Feldern nach Hause kommen. „La soupo tapo un trau" (die Suppe stopft ein Loch) heißt ein altes provenzalisches Sprichwort. Man aß eine Suppe und ging schlafen. Ein weiteres provenzalisches Sprichwort sagt: „l'aigo boulido sauvo la vido" (l' eau bouillie sauve la vie - kochendes Wasser rettet das Leben) und deshalb heißt die wohl bekannteste Suppe in der Provence *„l'aïgo boulido"*. Man ißt nach großen Festtagen, bei Magenverstimmungen und immer dann, wenn etwas „zu retten ist", eine „aïgo boulido". Versuchen Sie einmal das nachfolgende Rezept.

Übrigens: böse Zungen beenden das Sprichwort . . . „mais après quelque temps fait mourir les gens", das heißt: „ . . . aber nach einiger Zeit läßt es die Leute sterben."

L'aïgo boulido
Provenzalische Knoblauchsuppe

4 Personen
Ca. 1 Liter Wasser
12 Knoblauchzehen
1 bis 2 Lorbeerblatt
3 Zweige Salbei
6 bis 8 Eßlöffel Olivenöl
100 Gramm geriebener Gruyère (oder Emmentaler)

Mit dem Wasser Knoblauchzehen, Lorbeerblätter und Salbei zum Kochen bringen und ca. 30 Minuten köcheln. Mit Pfeffer und Salz würzen. In den Suppenteller eine Scheibe in Butter geröstetes Weißbrot geben, einen Eßlöffel geriebenen Käse, etwas Olivenöl zufügen und die durchgeseihte Suppe darübergeben.
In bürgerlichen Familien in Aix en Provence gab man pro Person ein Eigelb zu den übrigen Zutaten in den Suppenteller und vermischte es vorsichtig mit der Suppe. Ein anderes Rezept sagt, daß man *l'aïgo boulido* mit einer *Mayonnaise* aus zwei Eigelb und Olivenöl verfeinern kann.

La ratio
Suppe mit Zwiebeln und Knoblauch

Das älteste provenzalische Rezept hat einen griechischen Ursprung und hat sich bis heute nahezu unverändert gehalten. Es heißt „*la ratio*" und ist eine herrlichkräftige würzige Suppe.

4 Personen
2 große Zwiebeln
4 Eßlöffel Olivenöl
1 Eßlöffel Mehl
1 Liter trockener roter Landwein
3 große Tomaten
3 Knoblauchzehen
1 bouquet garni (Thymian, Rosmarin, Fenchel, Petersilie, ein Lorbeerblatt)
3 bis 4 Walnüsse
1 Eßlöffel Kapern
70 Gramm schwarze Oliven

Vier Eßlöffel Olivenöl erhitzen, eine gehackte Zwiebel zugeben, Farbe nehmen lassen, mit einem gehäuften Eßlöffel Mehl bestäuben, und mit dem Wein und einem halben Liter kochendem Wasser ablöschen. Die gehäuteten und geviertelten Tomaten, eine mit zwei Nelken gespickte Zwiebel, Knoblauchzehen, Nüsse und das *bouquet garni* zugeben, langsam köcheln, auf zwei Drittel der Menge reduzieren, durchseihen. Einen Eßlöffel Kapern und die schwarzen Oliven zufügen und servieren.

Ein paar „Eintöpfe", die wir bei den Bauern aßen und die ebenfalls auf eine lange Tradition zurückblicken können, schreibe ich auf. Suchen Sie nicht den Fisch darin, denn obwohl sie „bouillabaisse" heißen, sind sie ohne Fisch zubereitet.

Aïgo-saou d'iou oder bouillabaisse borgne
Provenzalischer Gemüseeintopf

4 Personen
1 Stange Lauch
1 Zwiebel
1 Tomate
3 bis 4 Knoblauchzehen
½ Kilogramm festkochende
Kartoffeln
5 bis 6 Eier
Safran
1 bouquet garni
Olivenöl

Lauch und Zwiebel in Ringe schneiden und in einigen Eßlöffeln Olivenöl anbraten. Die gehäutete, entkernte und in Würfel geschnittene Tomate hinzufügen, ebenso die gehackten Knoblauchzehen und Kräuter. Mit einem Liter Wasser auffüllen. Eine Messerspitze Safran dazugeben und ebenso die in einen halben Zentimeter dicke Scheiben geschnittenen Kartoffeln. Lebhaft kochen lassen, bis die Kartoffeln gar sind. Nun die Eier mit Hilfe einer Untertasse hineingeben und pochieren lassen. Die Suppe darf während dieser Zeit nicht brodelnd kochen. Weißbrotscheiben von 1 cm Stärke in den Suppenteller geben, die Suppe zufügen, Kartoffeln und Eier auf einer Platte mit gehackter Petersilie bestreut anrichten. Sehr heiß servieren (man kann auch Suppe, Kartoffeln und Eier zusammen in einem Suppenteller mit Brot servieren).

Epinards en bouillabaisse
Provenzalischer Spinateintopf

4 Personen
1 Kilogramm Spinat
Olivenöl
1 Zwiebel
5 bis 6 festkochende
Kartoffeln in Scheiben von
½ cm Dicke geschnitten
2 Knoblauchzehen
Etwas Fenchelkraut
4 bis 5 Eier (pro Person eines)
Salz
Pfeffer
Safran

Spinat putzen, in kochendem Salzwasser fünf Minuten blanchieren, abgießen, mit kaltem Wasser abschrecken und abtropfen lassen, fein hacken. In drei bis vier Eßlöffel Olivenöl eine gehackte Zwiebel glasig dünsten, Spinat dazugeben, einige Minuten unter Rühren auf kleiner

Flamme stehen lassen. Kartoffeln, Salz, Pfeffer, ein wenig Safran, die gehackten Knoblauchzehen, und Fenchel hinzugeben, mit einem Liter kochendem Wasser auffüllen und zugedeckt auf kleiner Flamme köcheln lassen. Wenn die Kartoffeln gar sind, pro Person ein Ei in der Suppe pochieren. Das Gericht wird im Topf serviert, pro Person legt man eine geröstete Brotscheibe in einen Suppenteller und gibt mit einer Schöpfkelle Suppe, Ei und Kartoffeln darüber.

Petits pois en bouillabaisse
Provenzalischer Erbseneintopf

4 Personen
750 Gramm grüne Erbsen
1 Zwiebel
5 bis 6 festkochende Kartoffeln
3 Knoblauchzehen
4 bis 5 Eier
1 bouquet garni
Safran
Salz
Pfeffer
Olivenöl

Eine gehackte Zwiebel in Olivenöl glasig dünsten, die in Scheiben geschnittenen Kartoffeln, die Erbsen, die Knoblauchzehen und das *bouquet garni* hinzugeben und mit einem Liter kochendem Wasser auffüllen. Weiterverfahren wie bei provenzalischem Spinateintopf.

Wenn das Pochieren der Eier nicht gelingen will – es müssen tatsächlich legefrische Eier sein – kann man diese weich kochen. Vorsichtig schälen und wie beschrieben servieren.

Soupe de pois chiches
Kichererbsen-Suppe

4 Personen
1 bis 2 Tassen Kichererbsen
3 bis 4 Eßlöffel Olivenöl
1 Zwiebel
1 Stange Lauch
1 bis 2 Tomaten

Kichererbsen vorbereiten (siehe *salade de pois chiches*). In drei bis vier Eßlöffel Olivenöl eine feingehackte Zwiebel, eine in Ringe geschnittene Stange Lauch, ein bis zwei gehäutete, entkernte und in Würfel geschnittene Tomaten anschmoren, mit der Kochbrühe der Kichererbsen auffüllen, ein bis zwei Tassen Kichererbsen zugeben, garkochen.
Die Suppe passieren und mit in Öl gerösteten Weißbrotscheiben servieren.

Soupe aux crabes
Krabbensuppe

6 Personen
½ Kilogramm Krabben
3 Eßlöffel Olivenöl
3 Zwiebeln
2 Knoblauchzehen
1 Tomate

2 Gläser trockener Weißwein
1 Eßlöffel Kartoffelmehl
Salz
Pfeffer

Die Krabben reinigen und in drei Eßlöffel Olivenöl einige Minuten zugedeckt schmoren lassen. Drei Zwiebeln, zwei Knoblauchzehen, eine Tomate dazugeben und ca. 10 Minuten sanft köcheln lassen. Mit einem Liter kaltem Wasser, zwei Glas trockenem Weißwein auffüllen, mit Salz und Pfeffer würzen und während einer Stunde kochen lassen. Die Suppe mit den Krabben durchpassieren, mit einem Eßlöffel Kartoffelmehl andicken und mit croûtons (geröstete Weißbrotscheiben, mit Knoblauch abgerieben) servieren.

Soupe au pistou
Gemüsesuppe mit Basilikum

4 bis 6 Personen
125 Gramm weiße Bohnenkerne
125 Gramm grüne Bohnen,
in Stücke geschnitten
125 Gramm Karotten,
in Scheiben geschnitten
1 Kilogramm Kartoffeln,
in Würfel geschnitten
250 Gramm courgettes (Zucchini),
ungeschält in Scheiben geschnitten
1 Stange Lauch,
in Ringe geschnitten
125 Gramm gelber Kürbis,
in Stücke geschnitten

4 Tomaten, gehäutet,
entkernt und gewürfelt
Ca. 100 Gramm Fadennudeln
2 Knoblauchzehen
3 bis 4 Eßlöffel Basilikum
feingehackt
100 Gramm Gruyère (oder
Parmesan) gerieben
Olivenöl
Salz
Pfeffer

In drei bis vier Eßlöffel Olivenöl alle Gemüsezutaten anschmoren. Mit einem Liter Wasser auffüllen, salzen und pfeffern, langsam zum Kochen bringen. Nach dreiviertel der Kochzeit die Fadennudeln zugeben, vorsichtig umrühren und weiter köcheln lassen. Die Suppe muß ziemlich dickflüssig sein.
Währenddessen eine *pistou* bereiten. Die *pistou* ist eine Sauce aus Knoblauch, Olivenöl, Basilikum und Käse und wird wie folgt zubereitet:

Die Knoblauchzehen und das Basilikum fein hacken, 4 bis 6 Eßlöffel Olivenöl unterrühren und nach und nach den geriebenen Käse zugeben. Die *pistou* in die Suppenteller verteilen, mit der Gemüsesuppe auffüllen und etwas geriebenen Käse darübergeben.

Soupe de moules à la marseillaise
Marseiller Muschelsuppe

4 Personen
1 Kilogramm Muscheln
3 Eßlöffel Olivenöl
1 Zwiebel
5 bis 6 Knoblauchzehen
1 bouquet garni (3 bis 4 Petersilienstengel, zwei Lorbeerblätter, ein Thymianzweig)
2 Tomaten, in Stücke geschnitten
2 Karotten, gewürfelt
1 Stange Lauch (nur das Weiße der Lauchstange)
2 Glas trockener Weißwein
Salz
Pfeffer
Safran
Ca. 25 Gramm Nudeln

Feingehackte Zwiebeln und Knoblauch in Olivenöl andünsten. Das *bouquet garni* sowie alle feingeschnittenen Gemüse dazugeben, mit Wasser auffüllen und kochen lassen. Zwischenzeitlich die Muscheln säubern, in Wasser und Weißwein abkochen. Das Muschelfleisch aus der Schale lösen. Wenn das Gemüse gar ist, eine Handvoll Nudeln zugeben, garenlassen, mit Pfeffer, Salz und Safran abschmecken. Die Kochflüssigkeit der Muscheln und kurz vor dem Servieren die Muscheln hinzufügen. Mit geriebenem Käse und einer *sauce rouille* servieren.

Soupe de poisson à la marseillaise
Marseiller Fischsuppe

4 Personen
1 bis 2 verschiedene Fische
2 Stangen Lauch°
2 Karotten°
2 Zwiebeln
(°feingeschnitten)
2 Tomaten, gehäutet, entkernt und gewürfelt
2 Knoblauchzehen
1 bouquet garni
(Petersilie, Thymian, Lorbeer, Fenchelkraut)
Etwas trockene Orangenschale
1 Stange Sellerie
2 Liter Wasser
Salz
Pfeffer
Safran
Piment

In fünf bis sechs Eßlöffel Olivenöl Zwiebeln und Gemüse andünsten, Gewürze hinzufügen, mit Wasser auffüllen, Fische dazugeben und 15 bis 30 Minuten köcheln lassen. Durchseien, Fische und Gemüse mit einem Holzlöffel durch das Sieb drücken. In Marseille serviert man die Suppe mit Nudeln, die in dieser gegart worden sind. Man kann aber auch die Suppe auf croûtons (gegrillte, mit Knoblauch eingeriebene Weißbrotscheiben) servieren. Dazu werden geriebener Käse und eine *rouille* gereicht.

Bouillabaisse
Große provenzalische Fischsuppe

Zu den großen Erlebnissen einer Provence-Reise gehören zweifellos die beiden Fischgerichte „*la bouillabaisse*" und „*la bourride*". *Bouillabaisse* kommt aus dem Provenzalischen – boui a baisso – was soviel heißt wie, – wenn es im Topf brodelt, verkleinere das Feuer (quand la marmite bout, baisse le feu) – .
Um eine gute *bouillabaisse* zubereiten zu können, benötigt man möglichst viele verschiedene Mittelmeerfische, vor allem poissons de roche, wie: la rascasse, la galinette, le goudin, le rouçau, le serrans, St. pierre, le congre und les girelles.
Kartoffeln spielen in der *bouillabaisse* eine unterschiedliche Rolle. Während sie in Marseille verpönt sind, gehören sie in Martigues unbedingt dazu. Sie werden in Scheiben geschnitten im Sud mitgekocht. Unterschiedliche Auffassungen gibt es auch bei der Verwendung von Brot. In alten, überlieferten Rezepten, so auch in dem von Marseille, wird altbackenes Brot verwendet, dagegen ist es jetzt üblich geröstetes Brot, die sogenannten croûtons zu reichen. Unbedingt gehört heute zur bouillabaisse eine rouille. Das ist eine Sauce aus gepreßtem Knoblauch, rotem Piment, Olivenöl, etwas Fischsud und Safran. Früher war die rouille jedoch bei den feinen Familien von Martigues verpönt. Für die Fischer war sie schon immer das Tüpfelchen auf dem „i".
Unsere bouillabaisse, oder besser die meines Mannes, ist mit einer kleinen Geschichte verbunden, die er hier selber erzählt:
Die Geschichte meiner *bouillabaisse* beginnt in La Ciotat, einer kleinen Hafenstadt in der Nähe von Marseille. Es war vor 10 Jahren, als ich im Hafen die Arbeit der Fischer in einer Reihe von

Zeichnungen festhielt. Nach vielen Studien breitete ich die Arbeiten auf dem Boden aus, um diese den Fischern zu zeigen. Inmitten der Diskussion – Paul fand seine „Brioche", seinen Bauch, zu übertrieben – wirbelte ein coup de mistral, ein Windstoß, die Blätter in die Luft und steuerte sie geradewegs in das Wasser des alten Hafens. Wir versuchten gemeinsam die Bergung, doch unsere Bemühungen endeten erfolglos. Der Mistral trieb sie ins Meer hinaus. Meine Freunde luden mich tröstend zum Pastis ins Bistro ein. Außerdem hatten sie Grund zum Feiern. Marcel hatte zum ersten Male in seinem Fischerdasein einen Thun gefangen, Pierre und Alfons einige Rascassen. Das ist nicht oft so, an manchen Tagen reicht der Fang nur für eine Fischsuppe, die dann ironisch „*bouillabaisse géante*" – die Riesige – genannt wird. Bouillabaisse ist für die Fischer immer ein Reizwort. Jeder wußte mindestens ein Rezept. Diesem Aperitif verdanke ich die Anregung für meine *bouillabaisse*. Auf dem Markt wähle ich die Fische zwischen den „poissons de roche" aus. Da das Angebot an Frischfischen immer unterschiedlich ist, wähle ich zwischen dem Angebot des Tages. Die Rascasse ist ein Mythos und muß nicht unbedingt dabei sein. Ein bis zwei Kilo sogenannte Fischabfälle, wie zum Beispiel den Kopf eines Merlans etc., verwende ich für den Sud.

6 bis 8 Personen
3 Kilogramm Fisch, je nach Angebot
8 kleine Langusten
½ Kilogramm Muscheln
1 Dose Tomatenmark
1 große Zwiebel
4 Tomaten, gehäutet, entkernt und in Streifen geschnitten
1 kleine Knolle Knoblauch
½ Tasse Olivenöl
3 Messerspitzen Safran

1 Schuß Pastis
½ Liter Weißwein
6 bis 8 Kartoffeln
1 bouquet garni (Petersilie, ein Zweig Thymian, 5 Gewürznelken, ein bis zwei Stangen Fenchelkraut, 2 Lorbeerblätter, Salz, Pfeffer)
150 Gramm geriebener Gruyère oder Emmentaler

Knoblauchzehen und Petersilie fein hacken. In einem großen Topf wird der Sud vorbereitet. Die Fischabfälle werden mit zwei Liter Wasser, einem Schuß Pastis, gehacktem Knoblauch und Petersilie, Olivenöl, Tomaten, Tomatenmark und Gewürzen mindestens sechs Stunden gekocht. Die durchgesiebte Suppe wird mit Weißwein abgeschmeckt, darin die Muscheln, Langusten und Kartoffeln garen, anschließend herausnehmen und warmstellen. Nun die Fische in den Sud geben und auf kleiner Flamme sieden lassen. Weißbrotscheiben grillen und mit Knoblauch einreiben. Die Fische werden auf eine vorgewärmte Platte gelegt, mit Muscheln, Langusten und Zitronen garniert. Die Suppe und die angerichteten Fische werden gleichzeitig serviert, mit einer *aïoli* und einer *rouille*. Dazu trinke ich gerne einen Blanc de Blanc von Cassis, „aus alter Liebe."

Bourride provençale
Provenzalische Fischsuppe

Neben der *aïoli* und der *bouillabaisse* gehört die *bourride* zu den größten Genüssen der Provence, die man sich auf keinen Fall entgehen lassen sollte. Zur *bourride* werden vorwiegend große weiße Fische verwendet, z. B. Daurade, Loup, Muges, Turbot usw.

4 Personen
1 bis 2 Kilogramm Weißfisch   *Sauce aïoli*
(Daurade, Loup, Turbot usw.)   *Sauce rouille*
1 Liter court-bouillon

Eine *court-bouillon* bereiten mit Zwiebeln, Karotten, Fenchelkraut, Sellerie, Knoblauch, Thymian, Lorbeer, Salz, Pfeffer und Piment. Aufkochen und eine Viertelstunde köcheln lassen. Dann die in Scheiben geschnittenen Fische zugeben und ziehen lassen. Währenddessen eine *aïoli* bereiten. Kurz vor dem Servieren gibt man in eine kleine Kasserole ein Eigelb pro Person, setzt die Kasserole in ein Wasserbad und gibt nach und nach von der Fischbouillon und der vorbereiteten *aïoli* unter Rühren zu, bis man eine dickflüssige Sauce hat. Auf einer Platte croûtons (geröstete Weißbrotscheiben mit Knoblauch eingerieben) anrichten, mit Fisch belegen und darüber die Sauce geben (eventuell mit gehackter Petersilie bestreuen). Die restliche Suppe wird extra in einer Suppenterrine serviert. Man kann aber auch den Rest der Sauce unter kräftigem Rühren in die Bouillon geben und diese mit croûtons und einer *rouille* reichen.

Aïgo-saou
Fischsuppe nach Heinrich V.

„Aïgo saou" ist eine Art *bouillabaisse,* die alten Marseiller bezeichnen sie als *bouillabaisse d'Henry V,* – warum? Vielleicht ist die Erklärung die, daß die Amme Heinrichs V. aus Marseille kam.

<u>4 Personen</u>

1 Kilogramm verschiedene weiße Fische	Etwas Orangenschale
5 bis 6 Kartoffeln	Fenchel
1 Zwiebel	Sellerie
1 Tomate	Salz
2 Knoblauchzehen	Pfeffer
1 bouquet garni	Olivenöl

Den Fisch in einen Topf geben, die in feine Scheiben geschnittenen Kartoffeln, die gehackten Zwiebeln, die gehäuteten, entkernten, gewürfelten Tomaten, die gehackten Knoblauchzehen und Kräuter zugeben, salzen, pfeffern, mit Olivenöl beträufeln und anbraten. Mit kochendem Wasser bedecken und auf kleiner Flamme leise kochen. Geröstete Brotscheiben in einen Suppenteller geben, darüber die Bouillon gießen. Den Fisch und die Kartoffeln auf einem zweiten Teller servieren. Dazu gibt man eine *rouille.*

Revesset
Fischsuppe nach Touloner Art

Le revesset ist eine bouillabaisse, wie man sie in Toulon kocht. Man nimmt vorwiegend Sardinen.

<u>4 Personen</u>

1 Kilogramm Sardinen	Ca. 5 Blätter Sauerampfer
250 Gramm Mangold oder Spinat	

Mangold oder Spinat und die Sauerampferblätter putzen und waschen. In einem großen Topf 2 Liter Wasser zum Kochen bringen und das Gemüse hineingeben, mit Salz und Pfeffer würzen. Kurz vor dem Garwerden die gesäuberten Fische dazugeben und nicht länger als 15 Minuten ziehen lassen. Die Bouillon und die feingehackten Gemüseblätter auf geröstete Brotscheiben geben, den Fisch auf einem extra Teller servieren.

Pot-au-feu Rindfleisch-Gemüse-Eintopf

Der pot-au-feu ist eine der Grundlagen einer guten Küche. Obwohl dieser Eintopf nicht aus der Provence stammt, wird er dort häufig, besonders an kalten Tagen als Hauptgericht serviert. Wir haben einmal bei unseren Nachbarn einen pot-au-feu gegessen, der uns so gut schmeckte, daß ich mir das nachfolgende Rezept geben ließ.

6 Personen
Bouillon:
1 Kilogramm Fleischknochen
1 Karotte
1 Tomate
1 Stange Lauch
1 bouquet garni
2 Zwiebeln mit zwei
Nelken gespickt
2 Zehen Knoblauch
1 Zweig Thymian
Salz
1,5 Kilogramm Rindfleisch
(Schulter oder Keule)

1 Kalbsfuß
6 Markknochen
10 bis 12 Karotten
6 Stangen Lauch (nur das weiße
der Lauchstangen)
6 navets (weiße Rübchen)
10 bis 12 Kartoffeln
3 bis 6 courgettes (Zucchini)
1 Zwiebel
1 Sellerieknolle

In 2 Liter Wasser die Zutaten zur Bouillon 45 Minuten kochen, des öfteren abschäumen. In die kochende, durchgesiebte Bouillon das Rindfleisch, den Kalbsfuß und die Markknochen geben. Sobald die Brühe wieder zum Kochen gekommen ist, den Schaum abschöpfen, solange wiederholen, bis sich kein Schaum mehr bildet. Den Topf einen kleinen Spalt offen lassen und langsam ungefähr zwei Stunden leise kochen (nach ca. 30 Minuten die Markknochen entfernen und warmstellen.) Das geputzte Gemüse zerkleinern, in wenig Fett anbraten, ebenso noch einige Zwiebelscheibchen, alles zu der Bouillon geben und garkochen. Das Fleisch in Scheiben geschnitten, auf einer großen Platte anrichten, die verschiedenen Gemüse herumlegen, ebenso die Markknochen. Die Brühe in eine Suppenterrine geben. Dazu werden geröstete Weißbrotscheiben gereicht, auf die das Mark gestrichen wird.
In manchen Gegenden der Provence ersetzt man einen Teil des Rindfleisches durch Lammschulter.

L'aïoli géant
Riesen Aïoli

Das Nationalgericht der Provenzalen ist ein *aïoli*. *L'aïoli* ist eine Creme aus Knoblauch, Eigelb und Olivenöl. Der Knoblauch (man muß drei Zehen pro Person rechnen) wird in einem Mörser fein zerrieben, dann vermischt man das Eigelb und gibt Tropfen für Tropfen das Olivenöl dazu. Ständig gleichmäßig in einer Richtung rühren. Wenn die Creme Körper annimmt, kann man den Saft einer halben Zitrone und einen Eßlöffel lauwarmes Wasser zufügen, mit ein wenig Salz abschmecken.

Ein *aïoli* ist für die Provenzalen immer ein kleines Fest, ein Schmaus an kalten Wintertagen. Das heißt aber nicht, daß sich im Sommer keine Gelegenheit zu einem *aïoli* bietet. So geht zum Beispiel das „Fête de votive", das Volksfest des Dorfes mit einem *aïoli géant,* einem Riesen-Aïoli zu Ende. Alle Bewohner nehmen daran teil, meist wird es auf dem Dorfplatz unter Platanen, wo Tische und Stühle aufgestellt wurden, serviert, oder im salle de fête, oder auch auf dem Schulhof. Man ißt *aïoli* mit gekochten Kartoffeln, Karotten, Blumenkohl, Rote Bete, Schwarzwurzeln, Spargelspitzen, gekochtem Stockfisch, Schnecken und hartgekochten Eiern. Man kann natürlich noch viele andere Dinge, zum Beispiel jeden festkochenden weißen Fisch zum *aïoli* essen. In Aix en Provence aßen die bürgerlichen Familien auf dem Holzkohlenfeuer gegrilltes Lammkotelett dazu. Ein *aïoli* wird als einziges Gericht gegessen, es gibt keine Vorgerichte, mit einer einzigen Ausnahme, dem gros souper an Weihnachten, bei dem man Schnecken mit *aïoli* neben vielen anderen Gerichten ißt.
Die großen Dichter der Provence haben sich immer wieder mit dem *aïoli* beschäftigt. Frederic Mistral gründete 1891 eine provenzalische Zeitschrift, die „L'Aïoli" hieß, und schrieb im ersten Heft: „L'aïoli – concentre dans son essence la chaleur, la force, l'allégresse du soleil de Provence, mais il a aussi une vertu: c'est de chasser les mouches. Ceux qui ne l'aiment pas, ceux à qui notre huile fait venir des cuissons à la gorge, ne viendront pas de cette facon baguenauder à notre entour. Nous resterons en famille."
Was im Deutschen etwa heißt:
Aïoli – vereint in seinem Wesen die Hitze, die Stärke, die Liebenswürdigkeit der Sonne der Provence, aber es hat auch eine Tugend, nämlich die Fliegen zu verjagen.
Die, die Aïoli nicht lieben, und die, denen unser Olivenöl Brennen

in der Kehle verursacht, vertreiben sich nicht die Zeit in unserer Umgebung. Wir bleiben unter uns.
Kann man es besser und schöner sagen? Versuchen Sie mein Rezept.

6 Personen
1 Kilogramm Stockfisch oder
6 bis 8 Scheiben festkochenden
weißen Fisch
6 Eier
6 Artischocken-Böden
6 bis 12 Karotten
6 bis 12 kleine, festkochende
Kartoffeln
1 Rote Bete
250 Gramm grüne Bohnen
250 Gramm Kichererbsen oder
weiße Bohnenkerne
2 Dutzend Schnecken
1 Dutzend Champignons
1 Bleichsellerie
1 Blumenkohl
Schwarze Oliven
1 bouquet garni
Trockener Weißwein
Petersilie

Den Stockfisch wie gewohnt wässern und im siedenden Wasser mit einem Lorbeerblatt und einem *bouquet garni* garenlassen, warmstellen. Die Eier hartkochen, ebenfalls warmstellen. Schnecken, wenn sie aus der Dose sind, in wenig Olivenöl anbraten, die gehackten Champignons und einen Eßlöffel gehackte Petersilie, ein Glas trockenen Weißwein dazugeben und eine halbe Stunde leise kochen lassen. Wenn die Schnecken frisch sind, werden sie mit Salz und Essig gesäubert, in kochendem Wasser abgekocht und wie oben beschrieben weiterbehandelt. Die Gemüse einzeln „al dente", das heißt knackig kochen und warm stellen. Wenn alle Zutaten gar sind, diese auf verschiedenen Platten anrichten und heiß servieren. Dazu reicht man reichlich *aïoli*.

Les poissons, crustacés, mollusques
Fische, Schalen- und Krustentiere

In der Provence sind wir zu Liebhabern von Fischgerichten geworden. Es mag daran liegen, daß auf den umliegenden Märkten immer frische Fische angeboten werden oder daran, daß auf unserem Markt ein besonders netter Fischhändler mit dem Fisch, den er uns anbietet, auch gleich das Rezept liefert. Auf diese Art haben wir fast alle Fische und sonstigen Meerestiere kennengelernt. Ich habe einige Rezepte ausgewählt, die sich auch außerhalb der Provence zubereiten lassen. Ich lege großen Wert darauf, den Eigengeschmack des Fisches weder durch große Soßen noch durch kräftige Gewürze zu verfälschen. Meist genügt es, einige Zweige Fenchelkraut in den ausgenommenen Fisch zu geben, mit Salz, Pfeffer und Zitronensaft zu würzen, und ihn mit Butter oder Olivenöl bestrichen im Ofen zu backen.

---

4 Personen
4 Rougets   *Salz*
4 Auberginen   *Pfeffer*
Sauce tomate provençale

Rougets au berceau
Rotbarben
in der Wiege

Die Auberginen, die ein wenig größer sein sollten als die Fische, aushöhlen, mit etwas Öl bestreichen und im Backofen ca. $^1/_2$ Stunde backen. Währenddessen die Rougets säubern, mit Salz, Pfeffer und ein wenig Safran würzen. In die Auberginen ein wenig Tomatensauce geben, darüber die Fische, mit ein wenig Öl bepinseln und mit *sauce tomate provençale* überziehen. Mit Olivenöl, gehackter Petersilie und ein wenig gehacktem Knoblauch bestreuen und im Backofen ca. $^1/_2$ Stunde bei ca. 200 Grad backen.

Tian de daurade
Gebackene Daurade in der Steingutform

6 Personen
1 Daurade, ca. 1,5 kg
(oder zwei kleine Fische)
200 Gramm Zwiebeln
1,5 Kilogramm Kartoffeln
4 feste Tomaten
2 Knoblauchzehen
4 Eßlöffel Paniermehl
2 Eßlöffel gehackte Petersilie
1 Teelöffel Thymian
1 Deziliter Olivenöl
Salz
Pfeffer
Zitrone

Daurade säubern, waschen, vorsichtig abtrocknen, salzen, pfeffern und mit Zitronensaft beträufeln. Kartoffeln schälen, in feine Scheiben schneiden, Zwiebeln hacken und mit den Kartoffeln vermischt, in eine feuerfeste, mit Öl und Knoblauch ausgeriebene Gratin-Schüssel geben, salzen, pfeffern, mit Thymian bestreuen. Vier Eßlöffel Olivenöl dazugeben und so viel Wasser hinzufügen, daß die Kartoffeln fast bedeckt sind. Die Form in den auf 200 Grad vorgeheizten Backofen stellen. Wenn die Kartoffeln eine braune Kruste haben, und die Flüssigkeit verdunstet ist, müßten sie gar sein. Während dieser Zeit die Tomaten halbieren, Kerne und Flüssigkeit entfernen. Gehackte Petersilie mit gehacktem Knoblauch und Paniermehl mischen, auf die abgetropften Tomaten verteilen. Die Daurade auf die Kartoffeln legen, mit den Tomaten umlegen, mit etwas Öl beträufeln und abermals in den Backofen geben. Hin und wieder den Fisch mit Olivenöl bepinseln.

Daurade au fenouil
Daurade mit Fenchel

4 Personen
1 Daurade ca. 1 Kilogramm
1 bis 2 Zwiebeln
4 Tomaten
1 Glas Weißwein
1 Zitrone
Salz
Pfeffer
Fenchelzweige

Die Daurade säubern, waschen und vorsichtig trocknen, innen und außen mit Salz und Pfeffer bestreuen, mit Zitronensaft beträufeln und in eine geölte feuerfeste Form legen. Zwiebelringe von ein bis zwei Zwiebeln und drei bis vier Zitronenscheiben darauflegen, rundherum vier in Viertel geschnittene Tomaten und Fenchelzweige legen. Mit Weißwein begießen und ca. 1 Stunde im Backofen bei 180 bis 200 Grad backen.

St. Pierre au gratin
Überbackener St.-Peter-Fisch

4 Personen
1 St. Pierre
Salz
Pfeffer
Öl
Zimt
Zitrone
Fenchelkraut
Knoblauch
Fein gehackte Kräuter (Estragon, Petersilie, Schnittlauch etc.)
Thymian,
Paniermehl
500 Gramm Kartoffeln
4 Tomaten
100 Gramm schwarze Oliven

Den Fisch säubern, waschen, vorsichtig trocknen, innen salzen, pfeffern und leicht mit Olivenöl einreiben. Eventuell mit etwas Zimt, zwei feinen Zitronenscheiben und einigen Zweigen Fenchelkraut füllen. In eine geölte Gratin-Schüssel die in feine Scheiben geschnittenen Kartoffeln geben, den Fisch darauflegen, pfeffern, salzen. Mit den halbierten Tomaten umlegen, diese pfeffern, salzen, mit etwas gehackten Kräutern, Knoblauch und Thymian bestreuen, leicht mit Paniermehl bedecken, und das Ganze mit Olivenöl beträufeln. Bei kleiner Hitze (175 Grad) im Backofen backen.
Vor dem Servieren die entkernten Oliven zugeben.

Gratin de morue aux épinards
Überbackener Stockfisch auf Spinat

4 Personen
1 Stockfisch (ca. 1 Kilogramm)
1 Kilogramm Spinat
1 Zwiebel
Etwas Milch
Mehl
Paniermehl
Olivenöl
Pfeffer
Salz

Den Stockfisch wässern und entsalzen, in Stücke schneiden und im Wasser garen. Gräten und Haut entfernen. Spinat putzen und in leicht gesalzenem Wasser abkochen, abgießen und fein hacken. In Olivenöl die feingehackte Zwiebel glasig dünsten, Spinat hinzugeben und unter Rühren einige Minuten auf kleiner Flamme erhitzen. Einen Eßlöffel Mehl darüber streuen und mit eineinhalb Tassen heißer Milch ablöschen und gut verrühren. Eine Viertelstunde leise kochen lassen. In eine Gratin-Schüssel die Hälfte des Spinats geben, die Stockfisch-Stückchen darüber verteilen und mit dem Rest Spinat bedecken. Mit Paniermehl überstreuen und mit einigen Tropfen Olivenöl beträufeln. Im Backofen bei ca. 220 Grad überbacken.

Brandade de morue
Stockfischpaste

4 Personen

Ca. 1 Kilogramm Stockfisch
Olivenöl ⎫
Crème fraîche ⎬ ca. ½ Liter
Knoblauch ⎭

Petersilie
Zitrone
Salz
Pfeffer

Am Vortag den Stockfisch zweimal in frischem Wasser entsalzen und wässern. In kochendem Wasser garkochen und abtropfen lassen. Von Gräten und Haut befreien und in kleine Stücke zerteilen. Auf kleiner Flamme die Fisch-Stückchen mit Öl langsam unter ständigem Rühren erhitzen, nach und nach *crème fraîche* hinzufügen, so lange weiterrühren, bis eine dem Kartoffelpüree ähnliche Konsistenz entsteht. Im letzten Augenblick die feingehackten Knoblauchzehen und die gehackte Petersilie dazugeben und mit Zitrone abschmecken. Mit in Butter geröstetem Weißbrot servieren.

Seiches ou calamars à la provençale
Tintenfisch oder Calamaris provenzalische Art

4 Personen

1 Kilogramm Tintenfisch
1 Zwiebel
3 bis 4 Tomaten
1 Glas Cognac
½ Flasche Weißwein
2 Knoblauchzehen

1 bouquet garni
Olivenöl
Salz
Pfeffer
Petersilie

Tintenfische gut reinigen (größere in Salzwasser blanchieren und die Haut entfernen), in Stücke schneiden, auf Küchenkrepp abtropfen lassen. In drei bis vier Eßlöffel Olivenöl eine feingehackte Zwiebel glasig dünsten, die Fisch-Stücke zufügen, drei bis vier gehäutete, entkernte und in Würfel geschnittene Tomaten zufügen, zehn Minuten schmoren lassen. Wenn man mag, mit einem Glas Cognac oder Eau de vie begießen und flambieren. Mit einer halben Flasche Weißwein auffüllen, salzen, pfeffern, ein *bouquet garni* dazugeben, langsam zugedeckt köcheln lassen. Wenn der Fisch gar ist, zwei gehackte Knoblauchzehen und reichlich gehackte Petersilie hinzufügen.

Sardines aux épinards
Sardinen auf Spinat, überbacken

4 Personen
16 bis 20 Sardinen
1 Kilogramm Spinat
Olivenöl
Salz
Pfeffer
Zitronensaft
Paniermehl

Spinat putzen und abkochen, feinhacken, in eine ausgebutterte Gratin-Form geben. Die gesäuberten Sardinen darüberlegen, mit Öl bestreichen, pfeffern und salzen, mit etwas Zitronensaft beträufeln und leicht mit Paniermehl bestreuen. Im Backofen bei ca. 200 Grad backen.

Thon à la poissonnière d'Orange
Thunfisch nach Art der Fischhändlerin von Orange

Der attraktivste Fisch auf den Märkten der Provence ist zweifellos le thon, der Thunfisch.
Mit seinem würzigen, roten, festen Fleisch nimmt er unter den Fischen eine Sonderstellung ein. Es wird oft behauptet, daß der Thunfisch wie Kalbfleisch schmeckt, ich kann das nicht bestätigen. Vielleicht – so scheint mir – wird hier eine Bewunderung über eine nicht einzustufende Geschmacksqualität ausgedrückt.
Ich verarbeite den thon am liebsten naturell, in Butter und Olivenöl gebraten oder gegrillt.

4 Personen
600 Gramm Thunfisch
1 Zwiebel
1 Glas Weißwein
½ Glas Essig
1 Knoblauchzehe
1 Eßlöffel Mehl
1 Eßlöffel Tomatenmark
1 Eßlöffel crème fraîche
3 bis 4 Eßlöffel Olivenöl
Salz
Pfeffer
Petersilie

Eine Scheibe Thunfisch von ca. 600 Gramm in Salzwasser blanchieren, abgießen und mit Küchenkrepp trocknen. In einer Pfanne 3 bis 4 Eßlöffel Olivenöl erhitzen und den Thunfisch von beiden Seiten darin anbraten. Auf einem Teller zur Seite stellen. Zu dem Bratenjus eine feingehackte Zwiebel geben und leicht Farbe nehmen lassen. Mit einem Eßlöffel Mehl überstäuben, kurz anschmoren. Mit Wasser, einem Glas Wein und einem halben Glas Essig ablöschen. Ein Lorbeerblatt, eine feingehackte Knoblauchzehe, einen Eßlöffel

Tomatenmark, Salz, Pfeffer und die Scheibe Thunfisch hinzugeben und ca. 20 Minuten köcheln lassen. Vor dem Servieren etwas *crème fraîche* unterrühren und mit gehackter Petersilie bestreuen.

Thon à la provençale
Thunfisch nach provenzalischer Art

Zubereitung wie: Seiches ou calamars à la provençale.

Moules aux épinards
Muscheln auf Spinat

4 Personen
1 Kilogramm Muscheln
1 Kilogramm Spinat
100 Gramm Butter
2 Eßlöffel Mehl
2 Eßlöffel Olivenöl

Muscheln auf großer Flamme in einer *court bouillon* im geschlossenen Topf abkochen. Eine *helle Mehlschwitze* herstellen, mit Muschelwasser auffüllen. Spinat abkochen, grob hacken, in Olivenöl schwenken, mit der Sauce vermischen. Die Muscheln aus ihrer Schale nehmen und in die Sauce geben. Diese in eine Gratin-Schüssel füllen und im Backofen bei ca. 200 Grad gratinieren.

Moules farcies à la provençale
Überbackene Muscheln, provenzialische Art

4 Personen
1 bis 2 Kilogramm Muscheln
Knoblauch
Petersilie
Paniermehl
Butter

Muscheln öffnen, Muschelfleisch herausnehmen, pro Person 6 bis 8 große Schalen aufheben und in eine gefettete Gratin-Form legen. Gepreßte Knoblauchzehen, feingehackte Petersilie mit etwas Paniermehl und Olivenöl vermengen. Die Muscheln auf die Schalen verteilen, pfeffern und mit der Farce bedecken. Einige Tropfen Olivenöl darübergeben und bei 220 Grad gratinieren.

Coquilles St. Jacques provençales
Provenzalische Jakobsmuscheln

4 Personen
Frische oder wenn nicht anders möglich tiefgefrorene Jakobsmuscheln,
ca. vier Stück pro Person, je nach Größe
1 Bund Petersilie
2 Tomaten
2 Knoblauchzehen
Olivenöl
Salz
Pfeffer
Butter

Muscheln aus der Schale nehmen oder nach Vorschrift auftauen und auf Küchenkrepp abtropfen. Mit Salz und Pfeffer würzen, in Mehl wenden, gut abklopfen, so daß nur ein feiner Film zurückbleibt. In Olivenöl und Butter anbraten, bis sie Farbe angenommen haben. Die Muscheln auf einem Teller zur Seite stellen und warm halten. Eventuell noch etwas Butter zu dem Bratenfond geben, feingehackte Knoblauchzehen, gehäutete, entkernte, in Würfel geschnittene Tomaten hinzufügen, ebenso die gehackte Petersilie. Während 10 bis 15 Minuten schmoren lassen. Über die Muscheln geben und servieren. Man kann die Tomaten auch weglassen und die Muscheln nur mit einer Knoblauch-Petersilien-Sauce servieren.

Noch eine weitere Möglichkeit der Zubereitung:
Die vorbereiteten Jakobsmuscheln kurz anbraten, Knoblauch, Petersilie und Tomaten zufügen. Mit einem Glas trockenen Weißwein ablöschen, ca. 15 Minuten leicht kochen lassen, etwas *crème fraîche* zugeben, abschmecken und mit gehackter Petersilie bestreut anrichten.
Auf die gleiche Art lassen sich Froschschenkel zubereiten.

Coquilles St. Jacques au gratin
Jakobsmuscheln überbacken

4 Personen
12 bis 16 Jakobsmuscheln
200 Gramm Champignons
1 Glas trockener Weißwein
1 kleines Glas Marc
1 bis 2 Schalotten
4 bis 5 Eßlöffel crème fraîche
Geriebener Gruyère
Paniermehl

Pro Person drei bis vier Jakobsmuscheln, tiefgefroren, wenn Sie keine frischen Muscheln erhalten. Das Fleisch aus der Muschel nehmen oder nach Vorschrift auftauen. Mit Küchenkrepp abtrocknen und in Scheiben schneiden. Leicht mit Mehl bestäuben (darauf achten, daß alles Mehl bis auf einen kleinen Film abgeklopft wird) und in Butter anbraten. Ein bis zwei feingehackte Schalotten hinzugeben, ebenso

200 Gramm geputzte, in Scheiben geschnittene Champignons. Salzen und pfeffern. Mit etwas trockenem Weißwein auffüllen und garkochen. Mit etwas Mehlbutter binden, vier bis fünf Eßlöffel *crème fraîche* dazugeben und mit einem Schuß Marc abschmecken. In gebutterte Muscheln geben, mit geriebenem Käse und Paniermehl leicht bestreuen und mit wenigen Tropfen Olivenöl beträufeln. Im Backofen bei ca. 220 Grad gratinieren.

Moules au riz
Muscheln auf Reis

4 Personen
1 Kilogramm Muscheln
4 Eßlöffel Reis
2 Tomaten
1 Knoblauchzehe
1 Zwiebel
Petersilie

In Olivenöl die gehäuteten, entkernten und kleingehackten Tomaten, den feingehackten Knoblauch ebenso die feingehackte Zwiebel und Petersilie anbraten und 20 Minuten leise kochen lassen. Während dieser Zeit die Muscheln in einer *court bouillon* garkochen, aus der Schale nehmen und warm stellen. Das Muschelwasser in die Kasserolle zu den Tomaten geben, den gewaschenen Reis hinzufügen und garen lassen. Kurz vor dem Servieren die Muscheln dazugeben und mit Salz und Pfeffer abschmecken. Sehr heiß servieren.

Les fruits de mer au gratin
Überbackene Meeresfrüchte

150 Gramm Meeresfrüchte pro Person:
(Jakobsmuscheln
Scampis oder
Crevetten
Miesmuscheln)
50 Gramm Champignons
Crème fraîche
Geriebener Gruyère

Die Miesmuscheln in einer *court bouillon* kochen und aus der Schale nehmen. Crevetten oder Scampis und Jakobsmuscheln ebenfalls aus der Schale nehmen. Champignons und Meerestiere in Streifen schneiden. Eine *Béchamelsauce* herstellen und je zur Hälfte mit Wein und Muschelkochwasser auffüllen. In diese Sauce die Meeresfrüchte geben und etwas *crème fraîche* unterrühren, mit Salz und Pfeffer abschmecken. In eine gebutterte Gratin-Form oder in kleine gebutterte Muscheln füllen, mit geriebenem Käse überstreuen und bei 220 Grad gratinieren.

In der Provence ist eine Mahlzeit mit Schnecken ein besonderes Festessen, ein „cacalausado". Es gibt verschiedene Zubereitungsarten. Meist reicht man zu den Schnecken eine *aïoli* oder ißt sie wie in Arles in einer *weißen Sauce* mit Knoblauch und Petersilie zubereitet.

Escargots à la provençale
Schnecken provenzalischer Art

4 Personen
4 Dutzend Schnecken — *Fenchelkraut*
1 bis 2 Schalotten — *Thymian*
2 Tomaten — *Mehlbutter*
1 bis 2 Knoblauchzehen — *Salz*
1 bouquet garni — *Pfeffer*
1 bis 2 Glas trockener Weißwein — *3 bis 4 Eßlöffel crème fraîche*
Petersilie

Frische Schnecken wie üblich säubern und in Salzwasser mit einem *bouquet garni* garkochen, aus dem Gehäuse nehmen und zur Seite stellen. Andernfalls fertige Schnecken aus der Büchse verwenden. Eine Sauce zubereiten aus: ein bis zwei kleingehackten Schalotten, zwei Tomaten, gehäutet und entkernt, ein bis zwei Knoblauchzehen, gehackter Petersilie, einem *bouquet garni*, Fenchelkraut, Thymian, ein bis zwei Glas trockenem Weißwein.
Die Schnecken in diese Sauce geben und mit so viel Wasser auffüllen, daß die Schnecken bedeckt sind. Auf kleiner Flamme anderthalb Stunden leise kochen lassen. Die Kräuter herausnehmen, die Sauce mit etwas *Mehlbutter* binden und drei bis vier Eßlöffel *crème fraîche* unterziehen. Mit gehackter Petersilie bestreut anrichten.

Les cuisses de grenouille à la provençale
Provenzalische Froschschenkel

Pro Person vier bis sechs Froschschenkel, je nach Größe. Zubereitung siehe Coquilles St. Jacques provençales.

Ecrevisses à la vauclusienne
Flußkrebse Vaucluser Art

1 Dutzend Flußkrebse pro Person
1 Zwiebel
1 Karotte
1 Knoblauchzehe
1 bouquet garni
1 kl. Glas Eau de Vie
1 Glas trockener Weißwein
3 bis 4 Tomaten

Die Tomaten zu einem Püree kochen, durch ein Sieb streichen. Die gehackten Zwiebeln und die in feine Scheiben geschnittenen Karotten in Öl anbraten, die Flußkrebse dazugeben, umrühren und mit Eau de Vie flambieren. Mit Weißwein ablöschen, Tomatenpüree hinzufügen, ebenso das *bouquet garni* und die ganzen Knoblauchzehen. Salzen und pfeffern und zugedeckt 10 Minuten kochen lassen. *Bouquet garni* und Knoblauch entfernen, mit gehackter Petersilie bestreut servieren.

Tellines à la provençale
Kleine provenzalische Muscheln

250 Gramm Muscheln pro Person
2 Tomaten
Petersilie
Knoblauch
Olivenöl
Salz
Pfeffer

In Olivenöl ein bis zwei gehäutete, entkernte Tomaten, gehackte Petersilie, gehackte Knoblauchzehen angehen lassen. Die gewaschenen Muscheln hinzugeben und ca. 15 Minuten zugedeckt schmoren lassen, mit Salz und Pfeffer würzen. Man kann die Muscheln kalt oder warm als Vorspeise servieren.

Clovisses aux épinards
Venusmuscheln mit Spinat

4 Personen
1 Kilogramm Venusmuscheln
1 Kilogramm Spinat
1 Zwiebel
4 bis 5 Eßlöffel aïoli

Muscheln waschen und ca. 20 Minuten in Salzwasser legen. Danach in wenig Salzwasser zum Kochen bringen und nach fünf Minuten abschütten. Die Muschelschalen entfernen. Den geputzten Spinat in wenig Öl mit einer gehackten Zwiebel andünsten. Wenn er gar ist, die clovisses dazugeben, mischen und mit etwas Muschelwasser auffüllen. Einige Augenblicke abkühlen lassen, *sauce aïoli* unterrühren und servieren. Nach diesem Rezept lassen sich ebenso tellines zubereiten.

Langoustes à la provençale
Langusten nach provenzalischer Art

4 Personen

2 Langusten	*2 Glas trockener Weißwein*
1 Zwiebel	*1 Bund Petersilie*
50 Gramm Butter	*1 bouquet garni*
4 Tomaten	*Salz*
1 bis 2 Knoblauchzehen	*Pfeffer*
½ Glas Cognac oder Marc	*Cayenne-Pfeffer*

Für lebende Langusten bereiten Sie zunächst eine *court bouillon*, wie für Schalentiere beschrieben, lassen die Langusten in die stark kochende Bouillon mit dem Kopf voran hineingleiten, decken den Topf sofort mit einem Deckel ab und lassen 15 bis 25 Minuten, je nach Gewicht, köcheln und im Sud erkalten. Sollten Sie bereits getötete Langusten bei Ihrem Händler gekauft haben, entfällt der eben beschriebene Vorgang.

Die erkalteten Langusten aus dem Sud nehmen, in zerlassener Butter eine gehackte Zwiebel glasig dünsten, Langusten dazugeben und etwa 10 Minuten schmoren lassen, mit einem halben Glas Cognac oder Marc begießen und flambieren. Vier gehäutete, entkernte Tomaten und ein *bouquet garni* dazugeben, mit Salz, Pfeffer und einer Prise Cayenne-Pfeffer kräftig würzen, mit 2 Glas trockenem Weißwein auffüllen und ca. 15 Minuten ziehen lassen. Mit gehacktem Knoblauch und gehackter Petersilie anrichten.

Langoustines à la provençale
Langustinen provenzalischer Art

Zubereitung siehe Langoustes à la provençale

Les viandes
Fleisch

Noch heute gibt es in vielen kleinen Dörfern der Provence keine boucherie, keine Metzgerei, das heißt, es gibt einen Laden, der bis auf einen Vormittag in der Woche, an dem ein Metzger kommt, stets verschlossen ist. Wir haben es selbst erlebt. Lange bevor der Metzger an besagtem Tag in Sicht ist, versammeln sich die Hunde des Dorfes vor der versperrten Türe, und warten, ob nicht auch dieses Mal ein Brocken Fleisch oder ein Knochen für sie abfällt. Nach und nach finden sich dann die Frauen des Dorfes ein, freuen sich über die Gelegenheit eines kleinen Plausches und warten ebenfalls. Wenn der Metzger dann kommt, macht man ihm Platz und er trägt ganze Lämmer, Rinderschenkel, Schweinsköpfe und Kalbsrücken in den Laden, hängt alles an blanken Haken auf, staubt einen Holzklotz, der als Schneide- und Hackfläche dient, großzügig ab, streut noch ein wenig Sägespäne auf den Fußboden und beginnt, umlagert von den Hunden, seine Kunden zu bedienen.
Man erzählt sich von einem Dorf in der Vaucluse, das jahrzehntelang sogar zwei Metzgereien hatte, die jedoch nur zweimal im Jahr geöffnet wurden, zu Weihnachten und zu Ostern!
Ein alter provenzalischer Bauer sagte einmal: „Voyez-vous, nous autre à la campagne, nous mangeons des poulets, des canards, des lapins, des dindes, des pigeons et des pintades, mais la viande, à vrai dire, nous n'y tenons pas".
Was frei übersetzt heißt:
„Sehen Sie, wir auf dem Lande, wir essen Hühner, Enten, Kaninchen, Puten, Tauben und Perlhühner, aber Fleisch, um ehrlich zu sagen, wir brauchen es nicht".

Sie haben sicher verstanden, was ich andeuten will. Rind-, Kalb- und Schweinefleisch, das man beim Metzger kaufen mußte, war teuer! Die Landbevölkerung ernährte sich von dem, was sie selbst auf ihrer ferme anbaute und zog.
In der provenzalischen Küche gibt es daher nicht viele Gerichte von Rind-, Kalb- oder Schweinefleisch. Einige habe ich aufgeschrieben, andere herausgelassen, da ich sie auch nicht in meine Küche übernommen habe. Das *broufado* oder wie Fréderic Mistral sagte, boeuf empilé sur les oignons, ist ein in der provenzalischen Küche völlig in Vergessenheit geratenes Gericht.
Versuchen Sie es.

La broufado
Provenzalischer Rindfleischtopf

4 Personen
1 Kilogramm Rindfleisch
(aus dem Schenkel)
3 Anchovisfilets
4 bis 6 Eßlöffel Kapern
2 Zwiebeln
2 Knoblauchzehen
Olivenöl
Thymian
Rosmarin
1 Lorbeerblatt

Aus Olivenöl, Thymian, Rosmarin und dem Lorbeerblatt eine Marinade bereiten. Das Rindfleisch für 8 bis 10 Stunden in die Marinade legen und marinieren lassen. Das Fleisch aus der Marinade nehmen, in Würfel schneiden. Die Zwiebeln und den Knoblauch hacken. Fleisch, Zwiebeln und Knoblauch in acht bis zehn Lagen in einen Topf schichten, salzen, pfeffern und einige Spritzer Essig darübergeben. Mit einem mit Wasser gefüllten Suppenteller zudecken und auf kleiner Flamme zwei Stunden köcheln lassen. Dann die gehackten Kapern zugeben und eine weitere halbe Stunde kochen. Den Jus, der sich gebildet hat, mit etwas Mehl binden und die zerdrückten Anchovis hinzugeben. Einige Minuten ziehen lassen und vor dem Servieren mit drei bis vier Eßlöffel Olivenöl beträufeln.

Boeuf gardian
Rindfleischtopf „Gardian"

4 bis 6 Personen

1 Kilogramm Rindfleisch
200 Gramm magerer Räucherspeck
3 Zwiebeln
4 bis 6 Gewürznelken
2 Knoblauchzehen
100 Gramm grüne Oliven
100 Gramm schwarze Oliven
2 Kartoffeln
2 Karotten
1 bouquet garni
Thymian
Rosmarin
Orangenschale
1 Glas Rotwein
1 Glas Bouillon
Salz
Pfeffer

In vier bis fünf Eßlöffel Olivenöl zwei gehackte Zwiebeln glasig dünsten, den gewürfelten Speck hinzugeben und anbraten. Wenn der Speck und die Zwiebeln Farbe angenommen haben, das Fleisch portionsweise hinzufügen und möglichst scharf anbraten. *Bouquet garni*, die mit Nelken gespickte Zwiebel, gehackte Knoblauchzehen, Oliven und Orangenschale hinzufügen. Mit einem Glas Rotwein und einem Glas Bouillon auffüllen, zugedeckt ca. 80 Minuten schmoren lassen, dann Kartoffeln und Karotten hinzufügen und fertig garen.

Estouffade de boeuf niçoise
Rinderschmorbraten Nizza

4 Personen

1 Kilogramm Rindfleisch (aus dem Schenkel)
200 Gramm magerer Speck
2 bis 3 Zwiebeln
³/₄ Liter trockener Weißwein
6 Tomaten
3 Knoblauchzehen
1 bouquet garni
3 Nelken
¹/₄ Liter Bouillon
Quatre épices
Schwarze Oliven
Pfeffer, Salz, Olivenöl

Gewürfelten Speck in Olivenöl anbraten, herausnehmen, das in Stücke geschnittene Fleisch dazugeben, anbraten, ebenfalls die gehackten Zwiebeln, salzen und pfeffern, mit etwas Mehl bestäuben, Farbe nehmen lassen, mit Weißwein und Bouillon auffüllen, Knoblauch, *bouquet garni, quatre épices* und Nelken zugeben, hermetisch verschließen und zwei Stunden köcheln. Die Sauce entfetten, geschälte und in Streifen geschnittene Tomaten, Oliven und Speck zugeben, nochmals eine Stunde leise kochen und mit feingehackter Petersilie bestreut servieren.

Boeuf en daube provençale
Provenzalischer Rinderschmorbraten

4 Personen
1 Kilogramm Rindfleisch
200 Gramm geräucherter Speck
3 Zwiebeln
3 Karotten
2 bouquet garni
3 Nelken
1 Zweig Thymian
4 bis 5 Knoblauchzehen
1 Stück Orangenschale
1 Flasche trockener Rotwein
1 kleines Glas Essig

Eine daube ist ein traditionelles Gericht auf dem Lande. Sie wird in einer daubière, einem Steinguttopf zubereitet, mit einem Ölpapier abgedeckt und mit einem Deckel verschlossen, der eine Höhlung hat, in die Wasser gefüllt wird. Es geht jedoch ebenso gut mit einem „normalen" Topf, dessen Deckel eine Höhlung aufweist, die dann mit Wasser gefüllt wird. (Man kann den Deckel notfalls auch umdrehen.) Aus dem Rotwein, dem Essig, 2 geviertelten mit den Gewürznelken gespickten Zwiebeln, den in Scheiben geschnittenen Karotten, einem *bouquet garni* und dem Thymian eine Marinade herstellen. Das Rindfleisch in 100 Gramm große Würfel schneiden, in die Marinade geben und 5 bis 6 Stunden marinieren lassen.

In einer daubière den kleingeschnittenen Speck ausbraten, die Speckstückchen entfernen, eine gehackte Zwiebel und das marinierte Fleisch mit dem Gemüse aus der Marinade dazugeben und unter Umwenden anbraten. Die Marinade auf die Hälfte reduzieren und mit 4 bis 5 Knoblauchzehen, einem *bouquet garni*, etwas Thymian und einem Stück Orangenschale dem angebratenen Fleisch zufügen.

Ca. $1/2$ Liter kochendes Wasser hinzugeben und die daubière fest verschließen, 4 bis 5 Stunden auf kleiner Flamme köcheln lassen und mit Salz und Pfeffer würzen.

Ein anderes Rezept besagt, daß die Zugabe von einem Stück Sellerie, zwei Tomaten und einem halben Kalbsfuß dem Gericht gut bekommt. Zu einer daube ißt man eine macaronade (überbackene Makkaroni).

Macaronade
Überbackene Makkaroni

Makkaroni in Stücke von vier Zentimetern zerbrechen, in Salzwasser fast gar kochen, abschütten und abtropfen. In eine Gratin-Schüssel mit 150 Gramm geriebenem Käse schichtweise einfüllen. Mit der Sauce der daube begießen und mit einer Schicht geriebenem Käse abschließen. Im Backofen bei 200 Grad überbacken.

Filet de boeuf à la provençale
Rinderfilet provenzalischer Art

4 bis 6 Personen
1 Kilogramm Rinderfilet
100 Gramm fetter Speck
6 bis 8 Eßlöffel Olivenöl
Senf
Thymian
Lorbeerblatt
Rosmarin
Salz
Pfeffer

Rinderfilet mit den Speckstreifen spicken, mit einer Marinade aus Olivenöl, Thymian, Lorbeer, Rosmarin, Senf, Pfeffer und Salz bestreichen und mindestens drei bis vier Stunden ruhen lassen, auf den Grillspieß stecken und grillen. Pro Pfund Fleisch 20 Minuten Grillzeit (wenn das Filet rosé sein soll). Während des Grillens immer wieder mit Olivenöl bepinseln. Dazu reicht man *tomates à la provençale* und *champignons à la provençale,* die auf derselben Platte angerichtet werden wie das in Scheiben geschnittene Fleisch.

Alouettes sans tête
Provenzalische Rinderroulade

In manchen Gegenden heißt dieses Gericht auch „paupiettes". Im provenzalischen nennt man es „paque toun de biou". Außerhalb der Provence werden alouettes mit Kalbfleisch gemacht, in der Provence jedoch immer mit Rindfleisch.

4 Personen
4 Rouladenscheiben
4 Scheiben Schinken, geräuchert
4 Tomaten, gehäutet und geviertelt
2 Schalotten
4 Karotten, in Scheiben geschnitten
Rosmarin, Salz,
Pfeffer, evtl. $^1/_8$ Liter Bouillon

Auf jede Roulade eine Scheibe Schinken und einen Zweig Rosmarin legen, salzen, pfeffern, einrollen und feststecken. In einer Pfanne in Olivenöl anbraten, die übrigen Zutaten dazugeben und zugedeckt eine Stunde garen.
Ein anderes Rezept sagt: den Schinken mit Knoblauch, Petersilie und zwei bis vier Anchovisfilets fein hacken, mit Pfeffer und Salz würzen, auf die Fleischscheiben geben, einrollen und feststecken. In einem Topf mit wenig fettem Speck und Olivenöl anbraten. Eine in Scheiben geschnittene Karotte und Zwiebel hinzufügen. Mit einem Glas trockenen Weißwein ablöschen und mit Bouillon auffüllen. Zwei Lorbeerblätter, zwei Thymianzweige zufügen, garen lassen. Die Sauce mit etwas Mehl und *crème fraîche* binden.

Les brochettes provençales
Provenzalische Fleischspießchen

4 Personen
200 Gramm Rindfleisch (Lende)
200 Gramm Lammfleisch (Keule)
200 Gramm magerer geräucherter Speck
200 Gramm Kalbs- oder Lammnieren
8 bis 10 Eßlöffel Olivenöl
Herbes de Provence

Das Fleisch in nicht zu große Würfel, den Speck in Streifen schneiden, die Nieren ebenfalls in Stücke schneiden und abwechselnd auf den Spieß stecken, auf eine große Platte legen, salzen und pfeffern.
Eine Marinade rühren aus:
Olivenöl, Thymian, Rosmarin, Lorbeer oder herbes de Provence. Die Spießchen damit bestreichen, fünf bis acht Stunden ziehen lassen, dann im Grill oder auf dem Holzkohlenfeuer grillen und mit *tomates à la provençale* servieren.

Le farci de veau
Gefüllte Kalbsbrust

4 Personen
1 Kilogramm Kalbsbrust
250 Gramm gehacktes Rind- und Kalbfleisch
50 Gramm roher Schinken
1 Tasse gekochter Reis
1 Tasse gekochter Spinat
1 bis 2 Knoblauchzehen
1 Bund Petersilie
½ altbackenes Brötchen
2 Eier
1 Kalbsknochen
Gemüse siehe Rezept für pot-au-feu
Salz
Pfeffer

Vom Metzger ein Kalbsbrust-Stück von ca. 1 Kilogramm vorbereiten lassen, das heißt entbeinen und in der Mitte aufschneiden.
Für die Füllung eine Farce herstellen aus:
Kalb- und Rindfleisch, etwas rohem Schinken, einer Tasse gekochtem Reis, einer Tasse abgekochtem, feingehacktem Spinat, ein bis zwei gehackten Knoblauchzehen, einem Bund gehackter Petersilie, einem halben Brötchen in Milch eingeweicht und zwei ganzen Eiern.
Alle Zutaten miteinander vermengen, mit Salz und Pfeffer würzen.
Die Fleischtasche mit dieser Farce füllen und zunähen (das Ganze muß die Form eines Kissens haben).
Die Kalbsbrust in kochendes Salzwasser geben, einen Kalbsknochen und das vorbereitete Gemüse hinzufügen und in ca. ½ Stunde

garkochen. Das Fleisch in Scheiben schneiden und auf einer Platte mit dem Gemüse anrichten. Wenn man will, kann man dazu eine *sauce tomate provençale* reichen.

Escalope de veau aux échalotes
Kalbsschnitzel mit Schalotten

4 Personen
4 Kalbsschnitzel
4 Schalotten
3 Tomaten
1 Glas trockener Weißwein
1 Zweig Thymian
1 Bund Petersilie
1 Lorbeerblatt
4 Eßlöffel crème fraîche
Olivenöl
Butter
Salz
Pfeffer

4 Kalbsschnitzel in Butter und Olivenöl ca. 5 bis 10 Minuten braten, zur Seite stellen. In die Pfanne vier feingehackte Schalotten geben, mit einem Glas trockenen Weißwein ablöschen und aufkochen. Drei gehäutete, entkernte, kleingeschnittene Tomaten hinzugeben, ebenso drei Eßlöffel gehackte Petersilie, einen Thymianzweig, ein Lorbeerblatt, ca. 15 Minuten dünsten. Vier Eßlöffel *crème fraîche* unterrühren und über das Fleisch geben, mit gehackter Petersilie bestreuen und servieren.

Escalope de veau à la nîmoise
Kalbsschnitzel Nimes

4 Personen
4 Kalbsschnitzel
1 bis 2 Auberginen
2 bis 3 Tomaten
1 Glas trockener Weißwein
Petersilie
Knoblauch
Salz
Pfeffer

Auberginen schälen und in Längsscheiben schneiden, salzen und ca. 20 Minuten entwässern lassen. Auf Küchenkrepp abtrocknen, in Olivenöl ausbacken und warmstellen. In dieselbe Pfanne die in Scheiben geschnittenen, gehäuteten und entkernten Tomaten, gehackte Petersilie und ein bis zwei gehackte Knoblauchzehen geben, salzen und pfeffern, langsam schmoren lassen. In einer zweiten Pfanne die Schnitzel in Olivenöl braten, mit Salz und Pfeffer würzen. Das Fleisch auf einer Platte anrichten, die Auberginenscheiben darüberlegen, mit der Tomatensauce bedecken, mit Weißwein ablöschen und über das Ganze gießen.

Rôti de veau provençal
Provenzalischer Kalbsbraten

8 Personen

2 Kilogramm Kalbfleisch	*Etwas Zimt*
1 Flasche trockener Weißwein	*500 g längsgeviertelte Karotten*
1 Lorbeerblatt	*2 Fenchelknollen halbiert*
2 bis 3 Knoblauchzehen	*8 Stangen Lauch*
1 Thymianzweig	*(nur das Weiße der Lauchstange)*
Etwas Bohnenkraut	*8 bis 10 kleine frische Zwiebeln*
2 Nelken	*125 Gramm schwarze Oliven*
10 schwarze Pfefferkörner	*Crème fraîche*
Salz	

Aus den Zutaten von Weißwein bis Zimt eine Marinade bereiten. Das Kalbfleisch für ca. 15 Stunden in die Marinade geben, wenn das Fleisch nicht ganz bedeckt ist, etwas Wein hinzufügen. Mit einer Gabel das Fleisch einige Male durchstechen, hin und wieder wenden.
In einen ausgebutterten Topf ca. vier in Scheiben geschnittene Zwiebeln, 125 Gramm schwarze Oliven geben, darauf den mit Butter bestrichenen Braten legen und mit der Marinade übergießen. Bei kleiner Hitze während zwei Stunden schmoren, immer wieder begießen. Die Karotten der Länge nach vierteln, die Fenchelknollen halbieren. Mit den Zwiebeln und dem weißen Teil der Lauchstangen zu dem Braten geben und garkochen. Fleisch und Gemüse auf einer vorgewärmten Platte anrichten, warmstellen. Den Jus etwas einkochen lassen und ein wenig *crème fraîche* unterziehen.

Rôti de porc
Schweinebraten

4 bis 6 Personen

Ca. 1,2 Kilogramm Schweinebraten	*7 bis 10 Knoblauchzehen*
1 Karotte, geviertelt	*100 Gramm schwarze Oliven*
1 Stange Lauch	*Olivenöl*
Etwas Sellerie	*Salz*
1 bouquet garni und Salbei und	*Pfeffer*
Thymian	*Crème fraîche*

Den Schweinebraten von allen Seiten in Olivenöl anbraten. Die restlichen Zutaten hinzufügen und 5 bis 10 Minuten schmoren, salzen, pfeffern, mit etwas Brühe auffüllen und garschmoren lassen. Den Jus mit etwas *crème fraîche* binden, die Knoblauchzehen in der Sauce zerdrücken und mit dem Gemüse über das in Scheiben geschnittene Fleisch geben.

Rôti de porc à la sauce
Schweinebraten mit Salbei

4 bis 6 Personen
Ca. 1,2 Kilogramm Schweinebraten
2 bis 3 Knoblauchzehen
Salbeiblätter
2 Eßlöffel Moutarde de Dijon
3 bis 4 Eßlöffel crème fraîche
Salz
Pfeffer
Zitronensaft

Schweinebraten mit den gestiftelten Knoblauchzehen und einigen Salbeiblättern spicken. (Wenn Sie einen Rollbraten haben, so rollen sie Knoblauch und Salbei ein). Den Braten mit *Moutarde de Dijon* oder scharfem Senf einreiben und im Backofen bei 220 Grad braten. Sobald sich genügend Jus gebildet hat, mit Salz und Pfeffer würzen, einige Salbeiblätter dazugeben. Den Braten immer wieder begießen. Das Fleisch in Scheiben geschnitten anrichten, den Jus etwas einkochen lassen, *crème fraîche* und einige Tropfen Zitronensaft hinzufügen.

Les pieds-paquets
Gefüllte Schafskutteln Mont Ventoux

4 Personen
Ca. 750 Gramm Schafskutteln
100 Gramm magerer geräucherter Speck
4 Schafsfüße
4 Tomaten
1 Karotte
1 Stange Lauch
1 bouquet garni
1 Zwiebel
100 Gramm Speck, gewürfelt
1/2 Flasche trockener Weißwein
Etwas Bouillon
Knoblauchzehen
Petersilie
Salz
Pfeffer
4 bis 6 Nelken
1 Eßlöffel Tomatenmark

Die Kutteln gut reinigen und in Rechtecke von 6 x 8 cm schneiden. In jedes Rechteck einen Streifen geräucherten Speck, eine halbe Knoblauchzehe, einen Petersilienstengel, Salz und Pfeffer geben und mit einem Faden umwickeln. Die Schafsfüße waschen und in Salzwasser blanchieren. In einem Topf den gewürfelten Speck auslassen, die feingehackte Zwiebel, die in Ringe geschnittene Lauchstange und die in Scheiben geschnittene Karotte, die gehäuteten und entkernten Tomaten, das *bouquet garni*, Nelken und Tomatenmark anschmoren. Die Füße dazugeben und darüber die Kutteln legen. Mit Weißwein ablöschen und mit Bouillon auffüllen, salzen, pfeffern, ca. 5 Stunden zugedeckt mit einem Suppenteller, der mit Wasser gefüllt ist, leise kochen lassen. Mit einem Glas Cognac abschmecken. Man kann dazu geriebenen Gruyère oder Emmentaler geben.

Les tripes à la provençale
Kutteln nach provenzalischer Art

4 Personen
1 Kilogramm Rinderkutteln
100 Gramm geräucherter, magerer Speck, in Würfel geschnitten
2 Zwiebeln, fein gehackt
2 bis 4 Knoblauchzehen, fein gehackt
2 bis 3 Karotten, in Scheiben geschnitten
1 bouquet garni
Thymian
4 Nelken
1 Flasche trockener Weißwein
1 Kalbsfuß

Die Kutteln gut reinigen und vom Fett befreien. In 1 cm breite Streifen schneiden. Die Speckwürfel in wenig Olivenöl anbraten, Zwiebeln, Karotten, Knoblauchzehen, den Kalbsfuß, das *bouquet garni* und die Kutteln dazugeben, mit Weißwein auffüllen. Die Kutteln müssen mit Wein bedeckt sein, salzen, pfeffern und den Topf mit einem mit Wasser gefüllten Suppenteller bedecken.
$1^1/_2$ bis 2 Stunden köcheln lassen. Wenn nach dieser Zeit die Sauce zu dünnflüssig ist, ohne Deckel etwas einkochen lassen. Mit einem Glas Cognac abschmecken und sehr heiß servieren.

Gigot d' agneau aux herbes
Gegrillte Lammkeule mit Kräutern

4 Personen
1,5 bis 2 Kilogramm Lammkeule
3 bis 4 Knoblauchzehen
4 Eßlöffel Olivenöl
Herbes de Provence
Salz
Pfeffer
1 Sträußchen Salbei

In die Lammkeule 8 bis 10 Einschnitte machen (möglichst nur die Haut einschneiden), mit Knoblauchstiften spicken, salzen und pfeffern. Ca. 4 Eßlöffel Olivenöl mit *herbes de provence* oder einer Mischung aus fein geriebenem Thymian, Rosmarin und Lorbeer verrühren und die Keule damit einreiben. Ca. 1 Stunde ruhen lassen. Die Keule auf den Grillspieß stecken und pro Pfund 12 bis 15 Minuten grillen. Während des Grillens hin und wieder das Fleisch mit einem in das austretende Bratenfett getauchten Salbei-Sträußchen bestreichen. Dazu eine *sauce à l'ail* und *tomates à la provençale* servieren.

Le carré d'agneau à la provençale
Lammkarree nach provenzalischer Art

4 Personen
1 Lammkarree von 8 Koteletts
1 Eßlöffel Butter
1 Bund Petersilie
2 bis 4 Knoblauchzehen
1 Eßlöffel Paniermehl
Salz
Pfeffer
Olivenöl

Das Lammkarree vom Fleischer vorbereiten lassen, mit Butter bestreichen und in den auf 220 Grad vorgeheizten Backofen geben. Während dieser Zeit einen Bund Petersilie hacken, ebenfalls zwei bis vier Knoblauchzehen, mit einem Eßlöffel Paniermehl vermengen. Nach 20 Minuten Backzeit pro Pfund Fleisch (rosé), oder 30 Minuten (durchgebraten) das Karree aus dem Backofen nehmen, salzen, pfeffern und mit der Mischung aus Petersilie, Knoblauch und Paniermehl bestreichen, mit Olivenöl beträufeln und kurz im Backofen oder Grill überbacken. Dazu *tomates à la provençale* und *gratin dauphinois* geben.

Ragoût d'agneau
Lammragout

4 Personen
1 Kilogramm Lammfleisch
(Schulter oder Keule)
5 Eßlöffel Olivenöl
1 Eßlöffel Thymian, Rosmarin
und Lorbeer
Salz
Pfeffer
Saft einer halben Zitrone
500 Gramm Karotten
500 Gramm Sellerie
3 Stangen Lauch (nur das Weiße der Lauchstange)
1 Tasse Bouillon
2 bis 3 Knoblauchzehen
100 Gramm schwarze Oliven
Petersilie

Lammfleisch in Stücke von 30 bis 40 Gramm schneiden und in Olivenöl anbraten. Salzen, pfeffern und Kräuter hinzugeben, ebenfalls die Oliven. Mit der Bouillon auffüllen und 40 bis 60 Minuten leise kochen lassen. Währenddessen das Gemüse putzen, in Streifen bzw. Ringe schneiden, zu dem Fleisch geben und weitere 20 Minuten garen. Wenn man möchte, kann man 5 Eßlöffel *crème fraîche* unterziehen. Mit Zitronensaft abschmecken und mit gehackter Petersilie bestreut anrichten.

Gigot d'agneau à l'estragon ou au romarin
Lammkeule mit Estragon oder Rosmarin

4 Personen
1,5 bis 2 Kilogramm Lammkeule *Olivenöl*
3 bis 4 Knoblauchzehen *Salz*
Estragon oder Rosmarin *Pfeffer*

In die Lammkeule 8 bis 10 Einschnitte unter die Haut machen, mit Knoblauchstiften und einigen Blättchen frischem Estragon oder Rosmarin spicken, sowie ein oder zwei Zweige Estragon bzw. Rosmarin entlang des Knochens schieben, salzen, pfeffern, mit Olivenöl bepinseln und am Spieß grillen (12 bis 15 Minuten pro Pfund Fleisch). Während des Grillens hin und wieder ein Sträußchen Estragon bzw. Rosmarin in das austretende Bratfett tauchen und die Keule damit bestreichen. Dazu eine *sauce à l'ail* und *tomates à la provençale* servieren.

Epaule d'agneau farçie à la provençale
Gefüllte Lammschulter provenzalischer Art

4 Personen
1,5 Kilogramm Lammschulter *2 bis 4 Karotten*
2 altbackene Brötchen *2 Tomaten*
2 Zweige Basilikum *1 Glas Weißwein*
1 Knoblauchzehe *1 bouquet garni*
1 Bund Petersilie *Olivenöl*
2 Eigelb *Salz*
1 bis 2 Zwiebeln *Pfeffer*
1 Stange Lauch

Die altbackenen Brötchen in Milch einweichen. Basilikumzweige, Knoblauchzehe und Petersilie fein hacken und mit dem Eigelb, Salz und Pfeffer zu einer Farce vermengen.
Die Schulter entbeinen, mit Farce füllen, einrollen, zusammenbinden und in Olivenöl von allen Seiten anbraten. Ein bis zwei feingehackte Zwiebeln, eine Stange Lauch, in Ringe geschnitten, zwei bis vier in Streifen geschnittene Karotten, ein *bouquet garni*, zwei gehäutete, entkernte Tomaten hinzufügen; 10 Minuten schmoren und mit einem Glas Weißwein ablöschen, evtl. noch etwas Brühe zugeben und garschmoren lassen. Immer wieder mit dem Jus begießen und die Schulter wenden. Dem Jus kann man vor dem Servieren *crème fraîche* hinzufügen.

L'aïado
Provenzalischer Lammrollbraten

4 Personen
1,5 Kilogramm Lammschulter
1 Bund Petersilie
3 bis 4 Knoblauchzehen
2 bis 3 Eßlöffel Paniermehl
Olivenöl

Petersilie und Knoblauch fein hacken und mit dem Paniermehl vermengen. Die Lammschulter entbeinen und mit der Farce bestreichen, zusammenrollen und einbinden. Mit Olivenöl einreiben und im Grill am Spieß 20 bis 30 Minuten pro Pfund Fleisch grillen oder in einer Kasserolle mit wenig Olivenöl im Backofen bei 200 bis 220 Grad braten. Währenddessen eine *sauce à l'ail* bereiten und dazu servieren.

Gigot en daube
Daube avignonnaise
Lammtopf Avignon

6 bis 8 Personen
Ca. 2 Kilogramm Lammkeule
oder 1 Kilogramm Lammkeule
und 1 Kilogramm Lammschulter
Ca. 500 Gramm magerer,
geräucherter Speck
1 Kilogramm Zwiebeln
1 Flasche trockener Rotwein
Petersilie
Knoblauch
Lorbeer
Thymian
8 Pfefferkörner
Trockene Orangenschale
Etwas Bouillon
1 Karotte

Die Keule (und Schulter) entbeinen, in Stücke von ca. 80 bis 100 Gramm schneiden, den Speck in Streifen schneiden. Jedes zweite Stück Fleisch mit einem Streifen Speck spicken, salzen, und mit den zerriebenen Kräutern einreiben. Die Fleischstücke in eine Schüssel geben und mit einer Marinade aus Rotwein (das Fleisch muß mit Wein bedeckt sein), drei Eßlöffeln Olivenöl, einer feingehackten Karotte, einer gehackten Zwiebel, Pfefferkörnern, drei gehackten Knoblauchzehen und einigen Petersilienzweigen ca. zehn Stunden marinieren lassen. In einer Kasserolle den Boden mit Fleischstücken bedecken, dann eine Lage gehackte Zwiebeln und ein wenig feingehackten Knoblauch, dann einige Stücke blanchierten Speck, mit etwas Thymian und etwas zerriebenem Lorbeer bestreuen und wieder mit einer Schicht Lammfleisch beginnen und fortfahren wie beschrieben. Mit einer Schicht Speckwürfel enden. Zwischen diese Schichten ein Sträußchen Petersilie und Orangenschale legen. Mit der durchgesiebten Marinade und zwei Tassen Bouillon auffüllen. Den Topf hermetisch verschließen und ca. 5 Stunden im Backofen bei mittlerer Temperatur garen lassen. Vor dem Servieren die oberste Speckschicht, Petersilie und Orangenschale entfernen.

Ein anderes Rezept der Daube avignonnaise

Die Fleischwürfel nicht mit Speck spicken, sonst jedoch verfahren wie im vorangegangenen Rezept. Nachdem das Fleisch mariniert hat, nimmt man es aus der Schüssel und läßt es auf Küchenkrepp abtropfen. In einer Kasserolle erhitzt man Olivenöl und brät darin den gewürfelten Speck an, gibt portionsweise das Fleisch hinzu und läßt beides Farbe annehmen, mit der erwärmten Marinade auffüllen, das Gemüse dazugeben, pfeffern und salzen. Mit einem mit Wasser gefüllten Suppenteller abdecken und während vier bis fünf Stunden leise auf kleiner Flamme kochen.

Rognons d'agneau au vin rouge
Lammnieren in Rotweinsauce

4 Personen
10-12 Lammnieren (wenn Sie keine Lammnieren bekommen können, 3 Kalbsnieren)
1 mittelgroße Zwiebel
1 bis 2 Eßlöffel Butter
1 Eßlöffel Olivenöl
½ Flasche trockener Rotwein
1 bouquet garni
1 Lorbeerblatt
1 bis 2 Eßlöffel crème fraîche
Salz
Pfeffer

Die Nieren säubern, von Fett und Kanälen befreien, kurz unter fließendem Wasser abspülen und mit Küchenkrepp trocknen. In 3 Stücke schneiden.
In einer Kasserolle Butter und Olivenöl erhitzen, die feingehackte Zwiebel glasig dünsten, die Nieren hinzugeben und anbraten. Wenn sie leicht Farbe angenommen haben, das *bouquet garni*, das Lorbeerblatt, Pfeffer und Salz hinzufügen und mit Rotwein ablöschen. Ca. 20-30 Minuten auf sehr kleiner Flamme köcheln lassen.
Die Sauce mit etwas *Mehlbutter* binden und mit *crème fraîche* liieren.

Lapin à la bonne femme
Kaninchen nach Hausfrauenart

4 Personen
1 Kaninchen, 1,3 Kilogramm
200 Gramm schwarze Oliven
2 Knoblauchzehen
1 bouquet garni
1 bis 2 Tassen Hühnerbrühe
4 Eßlöffel crème fraîche
Moutarde de Dijon

Das Kaninchen zerteilen, salzen, pfeffern, und dick mit Moutarde de Dijon bestreichen. In Olivenöl von allen Seiten anbraten, die feingehackten Knoblauchzehen, das *bouquet garni* und die entkernten Oliven zugeben. Mit der Brühe ablöschen und garen lassen. Die Sauce mit *crème fraîche* und ca. 1 Eßlöffel Moutarde de Dijon verrühren und abschmecken.

Lapin au four
Kaninchen im Backofen gegart

4 Personen
1 Kaninchen ca. 1,3 Kilogramm
8 dünne Scheiben fetter Speck
Thymian
Salz
Pfeffer

Ein Kaninchen in acht Teile zerteilen, mit Salz, Pfeffer und Thymian einreiben. Jedes Stück Fleisch mit einer dünnen Scheibe fetten Speck umwickeln und in einer Bratfolie im Backofen bei 200 bis 220 Grad braten.

Lapin aux olives en sauce moutarde
Kaninchen mit Oliven in Senfsoße

4 Personen
1 Kaninchen, 1,3 Kilogramm
3 Stangen Lauch
3 Karotten
4 Eßlöffel crème fraîche
1 bouquet garni
Olivenöl
Moutarde de Dijon
Petersilie
1 bis 2 Tassen Hühnerbouillon

Das Kaninchen zerteilen, pfeffern, salzen, mit Moutarde de Dijon bestreichen und in Olivenöl anbraten. Mit Bouillon auffüllen, das *bouquet garni* hinzufügen und leise kochen lassen. Ca. 20 Minuten vor dem Garwerden das in feine Streifchen geschnittene Gemüse zugeben und zusammen zu Ende kochen. *Crème fraîche* unterrühren und mit Petersilie bestreut servieren.

Lapin sauté à la provençale
Geschmortes Kaninchen nach provenzalischer Art

4 Personen
1 Kaninchen, ca. 1,3 Kilogramm
150 Gramm magerer Speck
3 bis 4 Eßlöffel Olivenöl
2 Zwiebeln
2 Knoblauchzehen
2 bis 4 Tomaten

$^1/_2$ Flasche trockener Weißwein
1 bouquet garni und Thymian und Rosmarin
4 Eßlöffel crème fraîche
etwas Zitronensaft

Das Kaninchen zerteilen und in Speck und Olivenöl von allen Seiten anbraten, salzen, pfeffern. Die feingehackten Zwiebeln und den Knoblauch sowie die gehäuteten und entkernten Tomaten dazugeben. Fünf bis zehn Minuten schmoren lassen und mit dem Weißwein ablöschen. *Bouquet garni* und Kräuter hinzufügen und garen lassen. *Crème fraîche* unterrühren und mit Zitronensaft abschmecken.
Dazu kann man ein bis zwei Auberginen in Scheiben geschnitten und in Öl ausgebacken servieren.

Poulet sauté Geschmortes Huhn

4 Personen
1 Huhn (ca. 1,3 Kilogramm)
2 Auberginen
1 bis 2 Zwiebeln
3 Tomaten
100 Gramm schwarze Oliven
4 Knoblauchzehen

1 Glas trockener Weißwein
1 Eßlöffel crème fraîche
Bouillon
1 bouquet garni
Petersilie

Das Huhn zerteilen, würzen und in Olivenöl anbraten. Die in Stücke geschnittenen, geschälten Auberginen, zwei Knoblauchzehen, Oliven und das *bouquet garni* dazugeben, mit etwas Bouillon auffüllen und garen lassen. In einer zweiten Pfanne die in Scheiben geschnittenen Zwiebeln und die gehäuteten und entkernten Tomaten, zwei gehackte Knoblauchzehen und Petersilie anbraten und ca. 30 Minuten leise kochen lassen, zu dem Huhn geben. Mit einem Glas Weißwein auffüllen und weitere fünf bis zehn Minuten köcheln lassen. Das Fleisch auf einer Platte anrichten, die Sauce ein wenig einkochen lassen. Ein Eßlöffel *crème fraîche* unterziehen und mit gehackter Petersilie bestreut anrichten.

Poularde à la maison
Hühnchen nach Art des Hauses

4 bis 6 Personen
1 bis 2 Hühner
1 Flasche trockener Weißwein
2 Trüffel
1 Stange Lauch
1 Zwiebel
1 Karotte
1 bouquet garni
1 Eßlöffel Schmalz
1 Eßlöffel Butter
100 Gramm crème fraîche
2 Eigelb
Salz
Pfeffer

Hühner zerteilen und zur Seite stellen. In einem großen Topf Schmalz zergehen lassen, das feingeschnittene Gemüse dazugeben, ebenso das Gerippe und die Hautabfälle. Mit Weißwein und einem halben Liter Wasser auffüllen, salzen und 1 $^1/_2$ Stunden köcheln lassen. Die Bouillon durchsieben, (das Gemüse gut ausdrücken), entfetten und auf die Hälfte einkochen lassen.
Die Trüffel in feine Scheiben schneiden und zur Hälfte unter die Haut der Hühnchenteile schieben. In einer Pfanne Butter zergehen lassen, Hühnerteile anbraten, mit der Bouillon und dem Jus der Trüffel ablöschen und zugedeckt 35 bis 40 Minuten köcheln lassen. Das Fleisch auf einer Platte arrangieren und warmstellen. In den Jus die *crème fraîche* einrühren, die restlichen Trüffel dazugeben, abschmecken und über die Hühnchenteile geben.
Man kann auch ca. 20 Minuten vor dem Garwerden des Fleisches das Weiße einer Stange Lauch, in feine Ringe geschnitten, ca. 250 Gramm feine grüne Bohnen und 1 bis 2 Karotten in feine Stifte geschnitten, zu der Bouillon geben. Mit dem Huhn und der Sauce servieren.

Poulet aux 40 gousses d'ail
Huhn mit 40 Knoblauchzehen

4 Personen
1 Huhn, 1,3 Kilogramm
Ca. 10 Eßlöffel Olivenöl
40 Knoblauchzehen
(230 Gramm)
1 großes Bouquet von Rosmarin
Thymian
Salbei
Lorbeer
Petersilie
und Sellerie
1 bouquet garni

Das vorbereitete Huhn innen salzen und pfeffern, das *bouquet garni* hineinstecken und zunähen. In eine große Kasserolle das Olivenöl, die ungeschälten Knoblauchzehen und das Kräuterbouquet geben. Das Huhn darauflegen, hermetisch (mit einer Paste aus Mehl und Wasser) verschließen und ein bis eineinhalb Stunden bei kleiner Hitze im Backofen garen. Das Huhn wird im Topf serviert, den man erst bei Tisch öffnet. Nach dem Aufteilen des Huhns befreit man die Knoblauchzehen von der äußeren festen Schale und streicht das Innere auf dazu gereichte croûtons (geröstete Weißbrotscheiben).

Poulet grillé au romarin ou aux herbes
Gegrilltes Huhn mit Rosmarin oder Kräutern

4 Personen
1 Huhn ca. 1,3 Kilogramm
5 bis 6 Eßlöffel Olivenöl
2 Knoblauchzehen
Thymian
Rosmarin
1 Lorbeerblatt
Bohnenkraut
Salz
Pfeffer

Das vorbereitete Huhn innen und außen salzen und pfeffern, jeweils zwei Zweige Thymian und Rosmarin, ein Lorbeerblatt, zwei Knoblauchzehen in den Bauch stecken, zunähen und auf den Grillspieß stecken. Fünf Eßlöffel Olivenöl mit einem halben Teelöffel Thymian, einem halben Teelöffel Rosmarin, einem halben Teelöffel Bohnenkraut vermischen und das Hühnchen damit bestreichen. Ca. 1 Stunde ruhen lassen. Im vorgeheizten Grill ca. 40 Minuten grillen. Dazu *tomates à la provençale* servieren.
Bei dem poulet grillé au romarin wird das Huhn nur mit Rosmarin gewürzt. Sonst genauso verfahren wie bei obigem Rezept

Poulet sauté au basilic ou à l'estragon
Geschmortes Huhn mit Basilikum oder Estragon

4 Personen
1 Huhn ca. 1,3 Kilogramm
1 Tasse Hühnerbouillon
2 bis 3 Gläser Weißwein
4 bis 5 Eßlöffel crème fraîche
Estragon oder Basilikum
Etwas Zitronensaft
Salz
Pfeffer
Olivenöl

Das vorbereitete Huhn in acht Teile zerlegen, salzen, pfeffern und in Olivenöl von allen Seiten anbraten. Mit zwei bis drei Glas Weißwein und einer Tasse Hühnerbouillon ablöschen, drei Estragon- bzw. Basilikumzweige hinzugeben und garen lassen.
Die Hühnchenteile herausnehmen und warmstellen. Den Fond auf die Hälfte einkochen lassen, vier bis fünf Eßlöffel *crème fraîche* unterrühren, zwei bis drei Eßlöffel feingehacktes Basilikum bzw. Estragon hinzufügen, mit etwas Zitronensaft abschmecken und über das Huhn geben.

Poulet aux écrevisses ou aux langoustines
Hühnchen mit Flußkrebsen oder Langustinen

4 bis 6 Personen
1 Huhn, ca. 1,3 bis 1,5 Kilogramm
8 bis 12 Flußkrebse
oder Langustinen
200 Gramm Butter
2 Tomaten
2 Schalotten
1 Knoblauchzehe
1 Tasse Brühe
125 Gramm crème fraîche
2 Eßlöffel Mehl
Salz
Pfeffer
Safran
1 Glas Cognac
1 Glas Madeira
1 Glas Wermut
1 Flasche trockener Weißwein

Das vorbereitete Huhn zerteilen, in Butter von allen Seiten anbraten, mit Weißwein auffüllen. Wenn das Huhn gar ist, die gehäuteten, entkernten und kleingeschnittenen Tomaten hinzugeben, etwas einkochen lassen. Die Krebse oder Langustinen säubern, in Butter auf großer Flamme anbraten bis sie rot sind, kleingehackte Schalotten und Knoblauch hinzugeben, mit Cognac begießen und flambieren. Mehl darüberstäuben, leicht anrösten und mit Weißwein und der Bouillon ablöschen. Mit Salz, Pfeffer und Safran würzen. Das Ganze mit dem Huhn und der Kochflüssigkeit vermischen, einkochen lassen. Vor dem Servieren Wermut, Madeira und *crème fraîche* dazugeben.

Coquelets aux herbes
Stubenküken mit Kräutern

4 Personen
2 Stubenküken
60 Gramm Butter
1 Glas trockener Weißwein
oder trockener Wermut
Petersilie und Kerbel
1 Zweig Estragon
2 Eigelb
200 Gramm crème fraîche
1 Teelöffel Moutarde de Dijon
2 Teelöffel Kartoffelmehl
2 Schalotten
Salz
Pfeffer

Stubenküken teilen, in Butter anbraten, ohne zu bräunen, feingehackte Schalotten zugeben, mit Wein ablöschen, salzen, pfeffern und zugedeckt auf kleiner Flamme garköcheln lassen. Fleischteile herausnehmen und warmstellen. Kartoffelmehl in zwei Eigelb auflösen, *crème fraîche* und Moutarde de Dijon zugeben und unter Rühren in den Jus geben. Die feingehackten Kräuter zugeben, aufwallen lassen und über die Küken gießen.

Canard aux olives
Ente mit Oliven

4 Personen
1 Ente ca. 2 Kilogramm
1 Glas trockener Weißwein
Olivenöl
1 Zweig Thymian
1 Zweig Rosmarin
1 Lorbeerblatt
200 Gramm grüne Oliven
4 bis 5 Eßlöffel crème fraîche

Die vorbereitete Ente innen und außen salzen und pfeffern, die Kräuter in den Bauch stecken, mit Olivenöl bepinseln und in den auf 220 Grad vorgeheizten Backofen geben und garbraten. Die Ente warmstellen, den Jus mit Weißwein ablöschen, die entkernten Oliven dazugeben, mit etwas *Mehlbutter* binden, *crème fraîche* unterrühren. Die Ente wieder in den Topf geben und eine Viertelstunde ziehen lassen. Mit etwas Zitronensaft abschmecken.

Le gibier
Wild

Die provenzalische Küche ist reich an Rezepten der Wildzubereitung. Jedoch ist Wild heute eine Rarität in der Provence geworden. Wenn Sie bedenken, daß in einem Dorf von 800 Einwohnern durchschnittlich 200 jagen, und daß die Jagdreviere durch die Kultivierung des Weines an Raum verloren haben, so ist dies die Erklärung für den Schwund an Wild auf dem Markt. Cailles (Wachteln) und Grives (Drosseln) gehören eigentlich nicht in dieses Kapitel, sondern eher zu Geflügel, werden Sie doch heute gezogen und gehalten wie sonstiges Federvieh.

Grives à l'ail
Drosseln mit Knoblauch

4 Personen

8 Drosseln	*Thymian*
8 Scheiben Speck	*4 bis 6 Knoblauchzehen*
3 Eßlöffel Olivenöl	*4 Scheiben Weißbrot*
3 Eßlöffel Butter	*Salz*
50 Gramm durchwachsener Speck	*Pfeffer*
1 bouquet garni	*Etwas Marc*

Drosseln säubern, waschen und gut mit Küchenkrepp abtrocknen, pfeffern, salzen und jeden Vogel in eine dünne Scheibe Speck wickeln. In einer Pfanne Butter und Olivenöl zu gleichen Teilen erhitzen, die Vögel darin anbraten, ebenso gewürfelten durchwachsenen Speck. Mit wenig kochendem Wasser auffüllen, etwas geriebenen Thymian und ein *bouquet garni* zufügen. Auf lebhaftem Feuer 10 bis 20 Minuten garen, mit etwas Marc beträufeln. Pro Person eine Weißbrotscheibe rösten. In kochendem Salzwasser Knoblauchzehen ca. 20 Minuten kochen, abtropfen lassen, und in Butter andünsten. Brot und Knoblauch auf einer Platte anrichten, die Vögel mit dem Bratenjus darübergeben.

Les cailles farcies
Gefüllte Wachteln

4 Personen

8 Wachteln	*Olivenöl*
250 Gramm Kalb- und Schweinehackfleisch	*Salz*
8 dünne Speckscheiben	*Pfeffer*
1 altbackenes Brötchen	*Muskat*
4 Weißbrotscheiben	*1 kleines Glas Weißwein*
Butter	*1 Glas Cognac*

Wachteln säubern, waschen und mit Küchenkrepp abtrocknen. Eine Farce herstellen aus: Kalb- und Schweinefleisch zu gleichen Teilen, etwas in Milch eingeweichtem Weißbrot, Salz, Pfeffer und Muskat. Mit dieser Farce die Wachteln füllen, mit einer dünnen Speckscheibe umwickeln und auf kleiner Flamme in Olivenöl und Butter braten. Vor dem Servieren mit Cognac flambieren.
Pro Person eine Weißbrotscheibe in Butter rösten und darauf die Wachteln anrichten, warmstellen. In den Bratenjus ein wenig Butter geben und mit Weißwein ablöschen. Über die Wachteln gießen und servieren.

Grives ou cailles en brochette
Drosseln oder Wachteln am Spieß

4 Personen
8 Drosseln oder Wachteln
8 dünne Speckscheiben
4 Zweige Salbei
Etwas Schmalz
4 ScheibenWeißbrot
1 Knoblauchzehe
Salz
Pfeffer

Die Vögel säubern, waschen, mit Küchenkrepp abtrocknen. Salzen, pfeffern, mit feinen Speckscheiben umwickeln und auf einen Grillspieß stecken. Jeweils zwischen zwei Vögel einen Salbeizweig geben, mit etwas Schmalz bepinseln und im Grill für etwa 15 Minuten grillen. Pro Person eine Scheibe Weißbrot rösten, leicht mit Knoblauch abreiben und die Vögel darauf anrichten.

Civet de chevreuil
Rehragout

4 bis 6 Personen
1,7 Kilogramm Rehschulter oder Nacken
150 Gramm durchwachsener Speck
100 Gramm kleine Zwiebeln
80 Gramm Schalotten
2 Knoblauchzehen
1 bouquet garni
2 Eßlöffel Mehl
30 Gramm Butter
1 Flasche trockener Rotwein
Salz
Pfeffer
Muskat

Den Speck in Stücke schneiden, anbraten und Farbe nehmen lassen. Das in Stücke geschnittene Fleisch portionsweise hinzugeben und anbraten, mit Mehl bestäuben, leicht bräunen lassen, mit Wein auffüllen. Feingehackte Schalotten und Knoblauch dazugeben, ebenso das *bouquet garni*, mit Salz, Pfeffer und Muskat würzen. Zugedeckt ca. 50 Minuten schmoren lassen. In einer Pfanne die Zwiebeln in Butter glasig dünsten und kurz vor dem Servieren zu dem Fleisch geben.

Les Légumes et gratins de légumes
Gemüse und überbackene Gemüse

Gemüse ist ein wesentlicher und wichtiger Bestandteil der provenzalischen Küche. Ein Gemüsegericht, angereichert mit einem pochierten Ei, einem Stück Stockfisch oder einer Scheibe Schinken stellt vielfach den Hauptgang eines Mittagessens dar.
Im Comtat Venaisson gibt es eine Anzahl von verschiedenen gratins, den sogenannten *tian*. Der *tian* ist eine große, flache Steingutschüssel, in der das gratin bereitet wird. Ein *tian* läßt sich mit vielen Gemüsen herstellen, mit Kartoffeln, Spinat, Auberginen, Zucchini, Kürbis u. a. Man blanchiert das Gemüse, brät es kurz in Olivenöl an, gibt gehackte Petersilie und Knoblauch dazu, oder vermengt es mit einem Ei, würzt es mit Pfeffer und Salz und gibt es in den *tian*. Das Ganze wird mit geriebenem Käse überstreut und im Backofen gratiniert.
Einer der echtesten *tian* ist der von Carpentras. Er besteht aus einer Mischung aus Gemüsen und Kräutern, wie Spinat, Mangold und Petersilie, mit gekochtem Stockfisch, gewürzt mit Knoblauch, Salz und Pfeffer, vermischt mit Eiern, Käse und Milch und vor allem Olivenöl.
Eine andere sehr beliebte Art der Gemüsezubereitung ist das Überbacken. Dazu wird das Gemüse blanchiert, evtl. kurz in Butter gedünstet, in eine gefettete Gratin-Schüssel gegeben, mit einer *sauce béchamel,* einer *sauce mornay* oder einer *sauce tomate provençale* bedeckt, darüber wird eine Schicht geriebener Gruyère gegeben und das Ganze im Backofen oder Grill gratiniert. Die weitest verbreitete Sitte Gemüse zu essen ist, das Gemüse zu blanchieren und kalt mit einer *sauce vinaigrette* als hors d'oeuvre anzubieten. Das Kochwasser des Gemüses wird als Suppe weiterverwendet.

Artichauts à la barigoule
Artischocken barigoule

Es gibt viele verschiedene Rezepte von artichauts à la barigoule. Sie werden überall in der Provence gegessen und jede Stadt hat ihre eigene Zubereitungsart. Ich habe die von Marseille notiert.

1 bis 2 Artischocken pro Person
Zitronensaft
Salz
Pfeffer
Olivenöl
Zwiebeln
Karotten
2 Knoblauchzehen
1 Lorbeerblatt
Thymian

Die harten Blätter der Artischocken entfernen, die Spitzen der restlichen Blätter abschneiden, das Innere mit einem Löffel entfernen. Die Artischocken mit Zitronensaft beträufeln, in eine flache Steingutschüssel (oder einen flachen Topf) nebeneinander setzen, salzen und pfeffern, mit Olivenöl beträufeln und mit gehackten Zwiebeln und in Scheiben geschnittenen Karotten umlegen. Einen Augenblick anbraten, zwei gehackte Knoblauchzehen, ein Lorbeerblatt, etwas Thymian zufügen, mit lauwarmem Wasser auffüllen und mit einem mit Wasser gefüllten Suppenteller zugedeckt auf kleiner Flamme eine Stunde garen lassen.
Den Deckel entfernen und eine weitere halbe Stunde köcheln, damit sich die Flüssigkeit reduziert.

Artichauts à la provençale
Artischocken nach provenzalischer Art

1 bis 2 Artischocken pro Person
Zitronensaft
Olivenöl
Knoblauch
Petersilie
1 Zwiebel
1 Karotte
1 bouquet garni
Salz
Pfeffer
Altbackenes Weißbrot

Die harten Blätter der Artischocken entfernen, die Spitzen der restlichen Blätter abschneiden, das Innere mit einem Löffel entfernen. Die Artischocken mit Zitronensaft beträufeln. Eine Farce herstellen aus: feingehacktem Knoblauch und Petersilie, etwas altbackenem, in Milch eingeweichtem Weißbrot, Salz und Pfeffer. In einen flachen Topf (möglichst aus Steingut) eine feingehackte Zwiebel, eine in

Scheiben geschnittene Karotte und ein *bouquet garni* geben, die mit der Farce gefüllten Artischocken nebeneinander in den Topf setzen, mit Olivenöl beträufeln und auf großer Flamme Farbe annehmen lassen. Mit einer Tasse Wasser auffüllen und fest verschlossen ca. 1½ Stunden langsam köcheln lassen.

Fonds d'artichauts farcis aux champignons
Artischockenböden mit Pilzfüllung gratiniert

<u>4 Personen</u>
4 große Artischocken
250 Gramm Champignons
1 große Zwiebel
Etwas Butter
Zitronensaft
Salz
Pfeffer
125 Gramm *crème fraîche*
50 Gramm geriebener Gruyère

Artischocken von allen Blättern befreien, das „Heu" entfernen, in Salzwasser blanchieren. Champignons putzen, in Scheiben schneiden. Die Zwiebel fein hacken und in Butter glasig dünsten, Champignons dazugeben, salzen und pfeffern und mit etwas Zitronensaft beträufeln. Zugedeckt 10 bis 15 Minuten schmoren lassen. *Crème fraîche* unterrühren, die Sauce dick einkochen lassen. In eine gebutterte Gratin-Schüssel die Artischockenböden legen, mit den Champignons und der Sauce füllen, mit geriebenem Gruyère bestreuen und gratinieren.

Von allen Gemüsesorten werden in der Provence Auberginen und Tomaten am meisten angebaut und gedeihen prächtig. Das erklärt vielleicht, daß es auch die Lieblingsgemüse der Provenzalen sind.

Deshalb gibt es in jedem Ort spezielle Rezepte für die Zubereitung von Auberginen. Im folgenden eine kleine Auswahl aus der Vielzahl der Möglichkeiten.

Aubergines en barbouillade
Auberginen im Steinguttopf

4 Personen

*4 Auberginen, geschält
und in Scheiben geschnitten
4 gehäutete, entkernte und
in Stücke geschnittene Tomaten*

*1 gehackte Zwiebel
2 Knoblauchzehen
Salz
Pfeffer*

Die angegebenen Zutaten in einem Steinguttopf mit Olivenöl anbraten und auf kleiner Flamme garschmoren. Vor dem Servieren mit feingehackter Petersilie bestreuen.

Aubergines au tian
Überbackene Auberginen

*1 Aubergine pro Person
Salz*

*Pfeffer
Olivenöl*

Auberginen in Stücke schneiden, in eine gefettete Gratin-Schüssel geben, pfeffern, salzen, mit reichlich Olivenöl beträufeln und im Backofen zugedeckt garen.

Aubergines aux tomates gratinées
Auberginen und Tomaten gratiniert

4 bis 6 Personen

*4 bis 6 Auberginen
1 Kilogramm Tomaten
Knoblauch
Olivenöl*

*Geriebener Käse
Salz
Pfeffer
Kräuter*

Auberginen schälen, in $^1/_2$ cm dicke Scheiben schneiden und in kochendem Salzwasser blanchieren; abtropfen lassen und auf Küchenkrepp abtrocknen. Aus den Tomaten eine *sauce tomate provençale* zubereiten. Eine Gratin-Schüssel fetten, mit Knoblauch ausreiben, eine Schicht Auberginen, eine Schicht *sauce tomate provençale,* eine Schicht Auberginen usw. Mit Tomatensauce abschließen, mit geriebenem Käse bestreuen und mit Olivenöl beträufeln. Im Backofen bei 220 Grad ca. 15 Minuten gratinieren. Man kann zwischen jede Schicht eine Schicht geriebenen Käse geben, wenn man mag.

Aubergines au four
Gebackene Auberginen

1 Aubergine pro Person
1 in Stifte geschnittene Knoblauchzehe
Olivenöl
Pfeffer
Salz

Die Auberginen mit den Knoblauchstiften spicken und auf Holzkohlenglut oder im Backofen grillen. Wenn sie weich sind schneidet man die Auberginen der Länge nach auf, salzt, pfeffert und tröpfelt ein wenig Olivenöl auf das Fruchtfleisch und ißt sie mit dem Löffel.

Aubergines farcies aux anchois
Auberginen mit Anchovis gefüllt

1 Aubergine pro Person
2 bis 3 Anchovisfilets
2 bis 3 Knoblauchzehen
Etwas altbackenes Weißbrot
Paniermehl

Auberginen der Länge nach halbieren. In sehr heißem Olivenöl anbraten, aus der Pfanne herausnehmen. Mit einem Löffel das Fruchtfleisch herauslösen und es mit den feingehackten Anchovisfilets, dem gehackten Knoblauch und etwas in Milch eingeweichtem Weißbrot vermengen. In wenig Olivenöl anbraten und die ausgehöhlten Auberginen damit füllen. In eine gefettete Gratin-Schüssel geben, mit etwas Paniermehl überstreuen und ca. 20 bis 30 Minuten bei 220 Grad überbacken.

Beignets d'aubergines
Ausgebackene Auberginen

1 bis 2 Auberginen pro Person
Olivenöl
Pâte à frire

Die Auberginen schälen, in Scheiben von $1/2$ cm Dicke schneiden, mit Salz bestreuen und ca. 20 Minuten ruhen lassen, auf einem Sieb abtropfen lassen und mit Küchenkrepp so viel Feuchtigkeit aufsaugen wie möglich. Kurz vor dem Servieren jede Scheibe in die *pâte à frire* tauchen und in der Friteuse in sehr heißem Olivenöl fünf bis sechs Minuten goldgelb backen.
Nach gleichem Rezept lassen sich auch Zucchini zubereiten.

La daube d'aubergines
Auberginen-Gulasch

4 Personen
4 bis 6 Auberginen
150 Gramm magerer Speck
1 bis 2 Zwiebeln
4 Tomaten
2 Zweige Thymian
1 Lorbeerblatt
Trockene Orangenschale
1 Stange Sellerie
2 Knoblauchzehen
2 bis 3 Karotten
1 Flasche trockener Weißwein
Salz
Pfeffer
Petersilie
Olivenöl

In einer daubière (oder einem anderen Topf) den mageren Speck, in Stücke geschnitten, in Olivenöl anbraten, ebenso die feingehackten Zwiebeln, die gehäuteten, entkernten und in Stücke geschnittenen Tomaten und die gewürfelten Auberginen. Zwei Thymianzweige, ein Lorbeerblatt, etwas trockene Orangenschale, eine Stange Sellerie, zwei gehackte Knoblauchzehen, zwei bis drei kleingeschnittene Karotten hinzugeben, mit der Flasche trockenem Weißwein auffüllen, pfeffern, salzen und auf großer Flamme zum Kochen bringen und zugedeckt auf kleiner Flamme garkochen. Vor dem Servieren mit gehackter Petersilie bestreuen.

La bohémienne aux aubergines „à l'estrassaire"
Auberginen nach Art der Zigeunerin

1 bis 2 Auberginen pro Person
1 bis 2 Tomaten
1 bis 2 Zwiebeln
1 Knoblauchzehe
Olivenöl
Salz
Pfeffer
Geriebener Gruyère

Zwiebeln fein hacken und in Olivenöl anbraten, wenn sie Farbe angenommen haben, halbierte Tomaten, Petersilie und Knoblauch, feingehackt, dazugeben. Wenn die Tomaten alle Flüssigkeit verloren haben, die in Stücke geschnittenen Auberginen hinzugeben, salzen, pfeffern und garschmoren lassen. Vor dem Servieren mit etwas Mehl binden und einige Eßlöffel geriebenen Gruyère (oder Emmentaler) zugeben.
„La bohémienne" kann man sehr gut kalt als hors d'oeuvre servieren.

Les aubergines des papes
Auberginen der Päpste

4 Personen
5 bis 7 Auberginen
½ Liter Milch
3 Eier
Salz
Pfeffer
Olivenöl

Fünf bis sieben Auberginen der Länge nach in ½ cm dicke Scheiben schneiden, salzen, ca. 20 Minuten ruhen lassen, damit sie Wasser ziehen können. Auf Küchenkrepp trocknen und in einer zugedeckten Pfanne 10 bis 20 Minuten in Olivenöl braten lassen. Einen halben Liter Milch mit drei Eiern, Salz und Pfeffer verrühren, die fast garen Auberginen hineingeben und in eine gebutterte Auflaufform füllen. Im Wasserbad ca. 20 Minuten garen lassen.

Courgettes au fenouil
Zucchini mit Fenchel

4 Personen
4 bis 6 courgettes
2 bis 3 Eßlöffel Olivenöl
2 Knoblauchzehen
Fenchelkraut
Salz
Pfeffer

Courgettes waschen, beide Enden abschneiden, in ein bis zwei cm dicke Scheiben schneiden, salzen und ca. 30 Minuten stehen lassen. Auf Küchenkrepp abtropfen und in zwei bis drei Eßlöffel Olivenöl mit zwei kleingehackten Knoblauchzehen und fünf bis sechs Eßlöffel gehacktem Fenchelkraut anbraten, mit Salz und Pfeffer würzen und zugedeckt garschmoren.

Beignets de courgettes
Ausgebackene Zucchini

4 Personen
1 Kilogramm courgettes
3 Eier
Zitronensaft
Salz
Pfeffer
Mehl
Paniermehl
Olivenöl
Petersilie

Courgettes waschen, Stiele entfernen, in dicke Scheiben schneiden. Mit Zitronensaft beträufeln, salzen und pfeffern. Die Scheiben nacheinander in Mehl, verquirltem Ei, gehackter Petersilie und Paniermehl wenden und in einer Friteuse oder Pfanne in Olivenöl ca. 5 Minuten ausbacken.

Courgettes au gratin
Überbackene Zucchini

4 Personen
5 bis 6 courgettes
4 bis 6 Anchovisfilets
1 Zwiebel
Olivenöl
Sauce béchamel

Courgettes schälen, in Scheiben von 2 cm Dicke schneiden und in Salzwasser blanchieren. Abschütten und abtropfen lassen. In einer Pfanne Butter oder Olivenöl erhitzen, die courgettes-Scheiben nebeneinander hineingeben und backen, bis sie auf beiden Seiten Farbe angenommen haben. In eine gefettete Gratin-Schüssel schichten, mit einer *sauce béchamel* bedecken, darüber reichlich geriebenen Gruyère (oder Emmentaler) streuen und gratinieren. Man kann, nachdem alle courgettes gebacken sind, vier bis sechs Anchovisfilets und eine Zwiebel, beides feingehackt, in der Pfanne anschmoren und zu den courgettes in die Gratin-Schüssel geben.

Gratin provençal
Überbackene Gemüse

<u>4 Personen</u>
1 Kilogramm Tomaten
300 Gramm courgettes (Zucchini)
300 Gramm Auberginen
1 bis 2 Zwiebeln
100 Gramm
geriebener Gruyère (oder Emmentaler)
Olivenöl
Paniermehl
Pfeffer
Salz

Tomaten häuten, entkernen und in Scheiben schneiden. Courgettes schälen und in 1 cm dicke Scheiben schneiden, ebenso die Auberginen. Courgettes und Auberginen in wenig Salzwasser blanchieren. In Olivenöl die in Scheiben geschnittenen Zwiebeln glasig dünsten und in eine Gratin-Schüssel geben, darüber eine Schicht courgettes, Tomaten, Auberginen. Mit Salz und Pfeffer würzen, ein wenig Olivenöl zugeben und wieder mit einer Schicht courgettes beginnen, etc. Zum Schluß geriebenen Käse über das Gemüse verteilen, mit etwas Paniermehl bestreuen, mit Olivenöl beträufeln und im Backofen bei 200 Grad gratinieren.

Tomates farcies à la vauclusienne
Überbackene Tomaten nach Art der Vaucluse

<u>4 Personen</u>
8 große Tomaten
1 Zwiebel
2 Knoblauchzehen
1 Bund Petersilie
250 Gramm Mangold oder Spinat
1 bis 2 Eier
Paniermehl
Salz
Pfeffer
Olivenöl

Tomaten an der Stielseite aufschneiden, das Innere herauslösen. Die Tomaten innen salzen und umgekehrt auf Küchenkrepp legen. Eine feingehackte Zwiebel, zwei feingehackte Knoblauchzehen und ein Bund feingehackte Petersilie in Olivenöl andünsten, gewaschenen und fein gehackten Spinat oder Mangold dazugeben und ca. 10 Minuten schmoren lassen. Ein bis zwei Eier verschlagen und hinzufügen. Die Tomaten pfeffern und mit der Farce füllen, mit Paniermehl bestreuen und mit Olivenöl beträufeln. Im Backofen 30 Minuten bei ca. 200 Grad überbacken.

Tomates ou pommes d'amour à la provençale
Tomaten nach provenzalischer Art

4 Personen
4 feste, reife Tomaten
2 Knoblauchzehen
1 Bund Petersilie
2 Eßlöffel Paniermehl
Olivenöl
Basilikum
Salz

Eine Farce herstellen aus Paniermehl, feingehackter Petersilie, feingehackten Knoblauchzehen, feingehacktem Basilikum. Mit etwas Olivenöl vermischen. Die Tomaten halbieren, entkernen, salzen und umgekehrt auf Küchenkrepp abtropfen lassen. Die Tomatenhälften mit der Farce bestreichen, mit etwas Olivenöl beträufeln. Auf eine feuerfeste Platte setzen und ca. 30 Minuten im Backofen bei 200 Grad backen.

Tomates ou pommes d'amour à l'antiboise
Tomaten Antibes

4 Personen
4 feste Tomaten
6 Anchovisfilets
100 Gramm Thunfisch
2 bis 3 Knoblauchzehen
Altbackenes Brot
Petersilie
Thymian
Fenchelkraut
Fines herbes
Olivenöl
Salz
Pfeffer

Vier feste Tomaten. Eine Farce herstellen aus den kleingehackten Anchovisfilets, dem Thunfisch, ein wenig altbackenem Brot, in Milch eingeweicht, den feingehackten Knoblauchzehen, Thymian, feingehackter Petersilie, feingehacktem Fenchelkraut, *fines herbes*. Alle Zutaten gut miteinander vermengen. Die Tomaten halbieren, entkernen, salzen, und umgekehrt auf Küchenkrepp legen. Nachdem sie genügend abgetropft sind, mit der Farce bestreichen, pfeffern, salzen, mit einigen Tropfen Olivenöl beträufeln und im Backofen bei 200 Grad ca. 30 Minuten überbacken.

Gratin dauphinois
Überbackene Kartoffeln

4 bis 6 Personen
1 Kilogramm Kartoffeln
100 Gramm geriebener Gruyère
oder Emmentaler
¼ Liter Milch
oder crème fraîche

1 Knoblauchzehe
Olivenöl
Butter
Salz
Pfeffer

Kartoffeln schälen, in 3 bis 5 mm dicke Scheiben schneiden, mit Küchenkrepp abtrocknen, in einer Schüssel mit Salz, Pfeffer und 100 Gramm geriebenem Gruyère oder Emmentaler gut vermischen. Milch oder *crème fraîche* hinzufügen und das Ganze in eine gebutterte, mit reichlich Knoblauch ausgeriebene Gratin-Form geben. Mit geriebenem Käse bestreuen, mit Olivenöl beträufeln und im Backofen bei 200 Grad ca. 60 Minuten backen.

Eine andere Art der überbackenen Kartoffeln, die typischer ist für die Provence und einfacher in der Herstellung:

Le gratin de pommes de terre
Überbackene Kartoffeln

4 bis 6 Personen
1 Kilogramm Kartoffeln
2 bis 3 Knoblauchzehen
Olivenöl

1 Lorbeerblatt
Salz
Pfeffer

1 Kilogramm Kartoffeln in feine Scheiben schneiden, salzen, pfeffern, mit einigen feingehackten Knoblauchzehen und etwas Olivenöl vermischen, in eine gefettete Gratin-Form geben, mit einem Lorbeerblatt bedecken, etwas Wasser hinzufügen (die Kartoffeln müssen fast bedeckt sein). Bei 180 bis 200 Grad im Backofen backen. Anstelle von Knoblauch kann man ebenso feingehackte Zwiebeln verwenden.

Ratatouille niçoise
Ratatouille aus Nizza

8 Personen
1 Kilogramm Auberginen
1 Kilogramm grüne Paprika
1 Kilogramm courgettes
1 Kilogramm Tomaten
1 Kilogramm Zwiebeln
10 kleine Knoblauchzehen

3 Zweige Thymian
1 Bund Petersilie
2 Bund Basilikum
Olivenöl
Pfeffer
Salz

Zwiebeln hacken, Tomaten häuten, entkernen und in Stücke schneiden. Olivenöl erhitzen, drei bis vier Eßlöffel Zwiebeln goldbraun schmoren, Tomaten dazugeben, ebenso die gehackten Knoblauchzehen und Kräuter. Courgettes, Auberginen und Paprika waschen, in Stücke schneiden und in einer zweiten Pfanne nacheinander in Olivenöl anbraten und zu den Tomaten und Zwiebeln in den Topf geben. Salzen, pfeffern und langsam ca. 1 Stunde köcheln lassen. Hin und wieder mit einem Holzspachtel umrühren. Mit feingehackter Petersilie bestreut anrichten.

Le roussin d'épinards
Überbackener Spinat

4 Personen
1 Kilogramm Spinat
¼ Liter Milch oder crème fraîche
1 Eßlöffel Mehl
2 Knoblauchzehen
1 Bund Petersilie

1 bis 2 Eier
Paniermehl
Salz
Pfeffer
Olivenöl

Spinat putzen, waschen, in reichlich Salzwasser abkochen, abtropfen lassen und fein hacken. In einem Topf in erhitztem Olivenöl auf kleiner Flamme schwenken, bis alle Flüssigkeit verkocht ist. Mit wenig Mehl bestäuben und mit Milch oder *crème fraîche* auffüllen, ein bis zwei gehackte Knoblauchzehen, zwei Eßlöffel gehackte Petersilie dazugeben, salzen, pfeffern und in eine gefettete Gratin-Schüssel füllen. Darüber kann man hartgekochte Eier, in Scheiben geschnitten geben, mit Paniermehl bestreuen und mit Olivenöl beträufeln. Im Backofen bei 200 Grad gratinieren. Anstelle der Eier kann man auch Stockfisch verwenden.

Champignons des pins ou lactaires délicieux Edelreizker in der Gratinform

Es gibt verschiedene Zubereitungsarten:

4 Personen
500 Gramm Pilze   *Salz*
Olivenöl   *Pfeffer*
1 Sträußchen Salbei

Die Pilze gut säubern und wenn nötig waschen, abtropfen. In eine Gratin-Schüssel legen, mit Olivenöl bepinseln und unter den Grill schieben. Mit einem Salbeibusch immer wieder mit Olivenöl beträufeln, pfeffern und salzen und zu gebratenem oder gegrilltem Fleisch servieren.

500 Gramm Pilze   *Salz*
1 bis 2 Knoblauchzehen   *Pfeffer*
100 Gramm magerer Speck   *Paniermehl*
Thymian   *Olivenöl*
Rosmarin

Pilze säubern, waschen, abtropfen, die Stiele entfernen und zur Seite stellen. Die Köpfe in Olivenöl anbraten und halb garen lassen. Die Stiele fein hacken, mit gehacktem Knoblauch und fein gewürfeltem mageren Speck, ein wenig Thymian und Rosmarin vermischen. Die Köpfe mit der Unterseite nach oben auf eine Gratin-Schüssel geben, mit der Farce füllen, salzen, pfeffern, mit Paniermehl bestreuen, mit wenig Olivenöl beträufeln und im Backofen bei 200 Grad gratinieren.

500 Gramm Pilze   *Pfeffer*
3 bis 4 Knoblauchzehen   *Paniermehl*
1 Bund Petersilie   *Olivenöl*
Salz

Pilze säubern, waschen und abtropfen lassen. Die Stiele entfernen und zur Seite stellen. Die Pilzköpfe in Olivenöl, Salz und Pfeffer wenden, auf eine Gratin-Schüssel mit der Unterseite nach oben legen und unter den Grill schieben, gar werden lassen. Eine Farce aus den gehackten Stielen, reichlich gehacktem Knoblauch, gehackter Petersilie und Paniermehl herstellen und kurz vor dem Servieren über die Pilze geben, mit Olivenöl beträufeln und nochmals für zwei Minuten unter den Grill geben.

Champignons de Paris à la provençale
Provenzalische Champignons

4 Personen
500 Gramm Champignons
2 bis 3 Knoblauchzehen
100 Gramm Olivenöl
1 Bund Petersilie

½ Zitrone
Salz
Pfeffer
In Butter geröstetes Weißbrot

Kleine Champignon-Köpfe putzen, waschen und abtropfen lassen. Eine Stunde lang in einer Marinade aus Olivenöl, Salz, Pfeffer, gehacktem Knoblauch und Petersilie ziehen lassen.
Kurz vor dem Servieren auf großer Flamme zum Kochen bringen und so lange kochen, bis alles Wasser verdunstet ist. Auf in Butter geröstete Weißbrotscheiben geben, mit etwas Zitronensaft beträufeln und sehr heiß servieren.

Üblicherweise bereite ich die Bohnen „klassisch" zu, das heißt in Salzwasser ohne Deckel blanchiert. Nachdem sie gut abgetropft sind, in Olivenöl mit ein bis zwei Knoblauchzehen schwenken und mit feingehackter Petersilie bestreut anrichten.
Zur Abwechslung eine andere Art der Zubereitung:

Haricots verts
Grüne Bohnen

4 Personen
Ca. 500 Gramm feine grüne Bohnen
3 bis 4 Eßlöffel Olivenöl
100 Gramm grüne Oliven, entsteint und in feine Streifen geschnitten
2 bis 3 feingehackte Knoblauchzehen
70 bis 100 Gramm magerer, feingewürfelter Speck

In Olivenöl den Speck, die Knoblauchzehen, die Oliven und die gewaschenen und abgetropften Bohnen anschmoren, salzen und pfeffern und auf kleiner Flamme garschmoren. (Evtl. etwas Brühe zugeben). Mit gehackter Petersilie bestreut anrichten.

Pois chiches à la provençale
Kichererbsen nach Art der Provence

4 Personen
500 Gramm Kichererbsen
3 bis 4 Eßlöffel Olivenöl
2 Tomaten
2 Knoblauchzehen
1 Bund Petersilie
Salz
Pfeffer
Safran

Die Kichererbsen am Vorabend in Wasser einweichen. Am anderen Morgen abgießen und in frischem Wasser (wenn möglich Quellwasser) zum Kochen bringen, 20 Minuten kochen lassen, wiederum abgießen und in kochendes Salzwasser geben und während einer Stunde köcheln lassen. Währenddessen in drei bis vier Eßlöffel Olivenöl zwei gehäutete und entkernte Tomaten, zwei feingehackte Knoblauchzehen, ein Bund feingehackte Petersilie anschmoren, salzen, pfeffern, evtl. etwas Safran hinzugeben, die abgetropften Kichererbsen dazufügen und nochmals ca. 15 Minuten ziehen lassen. Das Kochwasser der pois chiches für eine *soupe de pois chiches* verwenden.

Fèves à la crème
Weiße Bohnenkerne à la crème

4 Personen

500 Gramm Weiße Bohnen	*3 Eigelb*
1 bis 2 Eßlöffel Olivenöl	*Salz*
½ Tasse Brühe	*Bohnenkraut*
3 bis 4 Eßlöffel crème fraîche	*1 bouquet garni*

Bohnenkerne in kochendem Salzwasser mit einem *bouquet garni* und sarriette (Bohnenkraut) blanchieren. Nachdem sie abgetropft sind in ein bis zwei Eßlöffel Olivenöl schwenken, eine halbe Tasse Brühe zugeben, mit drei bis vier Eßlöffel *crème fraîche* und drei Eigelb binden.

Flageolets à la crème
Grüne Bohnenkerne à la crème

Zubereitung wie fèves à la crème

Blettes aux anchois et à l'ail
Mangold mit Anchovis und Knoblauch

4 Personen

Ca. 1 Kilogramm Mangold	*1 Zwiebel*
6 bis 8 Knoblauchzehen	*10 Anchovisfilets*
3 bis 4 Eßlöffel Olivenöl	

Mangold putzen, nur die weißen Teile verwenden (das grüne Blatt aufheben und für eine *tarte aux blettes* o. a. verwenden), die Fäden abziehen und in Stücke schneiden. In Salzwasser mit den ungeschälten Knoblauchzehen ca. 20 Minuten blanchieren. Abschütten und abtropfen lassen. Knoblauchzehen schälen und pürieren, die Anchovisfilets fein hacken. In Olivenöl die feingehackte Zwiebel glasig dünsten, Knoblauchpüree und Anchovis zufügen und unter Rühren einige Minuten schmoren lassen. Das Gemüse dazugeben und 10 bis 20 Minuten ziehen lassen. Mit feingehackter Petersilie bestreut anrichten.

Blettes au gratin
Überbackener Mangold

4 Personen
1 Kilogramm Mangold
150 Gramm Gruyère
oder Emmentaler
125 Gramm crème fraîche

Paniermehl
Salz
Olivenöl

Mangold vorbereiten, nur das Weiße der Blätter verwenden (die grünen Blatteile für eine andere Mahlzeit zur Seite stellen), in Stücke schneiden und in Salzwasser blanchieren. Eine Schicht Gemüse in eine gebutterte Gratin-Schüssel geben, gefolgt von einer Schicht geriebenem Käse und *crème fraîche*, wieder mit einer Gemüseschicht beginnen usw. Mit Paniermehl bedecken und einigen Tropfen Olivenöl beträufeln. Im Backofen bei 220 Grad gratinieren.

Cardons oder wilde Artischocken sind ein Gemüse, das zum Ende des Jahres gegessen wird und beim „gros souper" an Weihnachten nicht fehlen darf.

Cardons en sauce blanche
Wilde Artischocken in weißer Sauce

4 Personen
1 bis 2 Cardons-Stauden
100 Gramm Gruyère
Essig

Salz
Sauce veloutée

Die Cardons-Stangen schälen, die Fäden abziehen, in 10 cm lange Stücke schneiden und 15 Minuten in Essigwasser legen. Dann in kochendem Salzwasser abkochen, abgießen und abtropfen. In eine Gratin-Schüssel geben und mit einer *sauce veloutée* (weiße Grundsauce) übergießen, mit geriebenem Käse bestreuen und im Backofen bei 220 Grad gratinieren.

Les sauces
Saucen

Basis für viele Gratins und Gemüse- oder Fleischgerichte sind die hellen und die dunklen Saucen. Man nehme gleiche Teile Mehl und Butter und bereite daraus eine Einbrenne oder Mehlschwitze, die dann mit dem entsprechenden Fond abgelöscht wird. Bei der hellen Sauce dürfen das Mehl und die Butter keine Farbe annehmen, bei der braunen Sauce sollen das Mehl und die Butter – wie der Name schon sagt – Farbe annehmen.

Mehlbutter

Mehl und Butter zu gleichen Teilen gut miteinander vermengen. Kleine Bällchen mit ca. 2 cm Durchmesser daraus formen.

Diese Mehlbutter eignet sich vorzüglich zum Binden von Suppen, Saucen und Gemüseeintöpfen.

Crème fraîche

ist eine säuerliche, dickflüssige Sahne, die es inzwischen auch in Deutschland zu kaufen gibt. Man kann sich, falls man keine *crème fraîche* bekommt folgendermaßen helfen: gleiche Teile süße Sahne mit dicker saurer Sahne vermischen.

Sauce béchamel
Bechamelsauce

60 Gramm Butter
30 Gramm Mehl
¼ Liter Milch
Salz
Pfeffer
Muskatnuß
3 bis 4 Eßlöffel crème fraîche,
1 bis 2 Eigelb

Butter langsam zergehen lassen, unter Rühren Mehl zufügen, kurz „anschwitzen" lassen und mit heißer Milch unter ständigem Rühren ablöschen. Einmal kurz aufkochen lassen, mit Salz, Pfeffer und Muskatnuß abschmecken, evtl. mit 1 bis 2 Eigelb legieren und *crème fraîche* unterziehen.

Sauce veloutée
Weiße Grundsauce

Eine *sauce béchamel* herstellen, die anstelle der Milch mit Rinderbrühe, Geflügelbrühe, Fischsud oder Gemüsebrühe abgelöscht wird, dem Gericht entsprechend.

Sauce mornay

Eine *sauce béchamel* oder eine *sauce veloutée* herstellen und ca. 150 Gramm geriebenen Gruyère unterziehen.

Sauce tomate provençale
Provenzalische Tomatensauce

In der provenzalischen Küche verwendet man häufig eine Sauce aus Tomaten, Zwiebeln, Knoblauch, Petersilie und Kräutern. Gedünsteter oder gebratener Fisch, kurzgebratenes Fleisch, ein Hühnchenrest oder hartgekochte Eier lassen sich mit dieser *sauce tomate provençale* in ein Gericht „à la provençale" verwandeln.

Für ungefähr einen Liter
Sauce benötigen Sie:
5 bis 6 Eßlöffel Olivenöl
1 bis 2 gehackte Zwiebeln
3 bis 4 gehackte Knoblauchzehen
1 Bund Petersilie
1 Kilogramm Tomaten
1 Teelöffel Thymian
1 Eßlöffel gehacktes Basilikum
(1 Teelöffel, falls das Basilikum getrocknet ist)
1 Lorbeerblatt

In Olivenöl die Zwiebeln, Knoblauch und die gehackte Petersilie anschmoren, die gehäuteten, entkernten und in Stücke geschnittenen Tomaten dazugeben, mit Salz und Pfeffer würzen und die Kräuter hinzufügen. Ca. 1 Stunde kochen lassen. Mit etwas Zucker abschmecken und eventuell durch ein Sieb streichen.

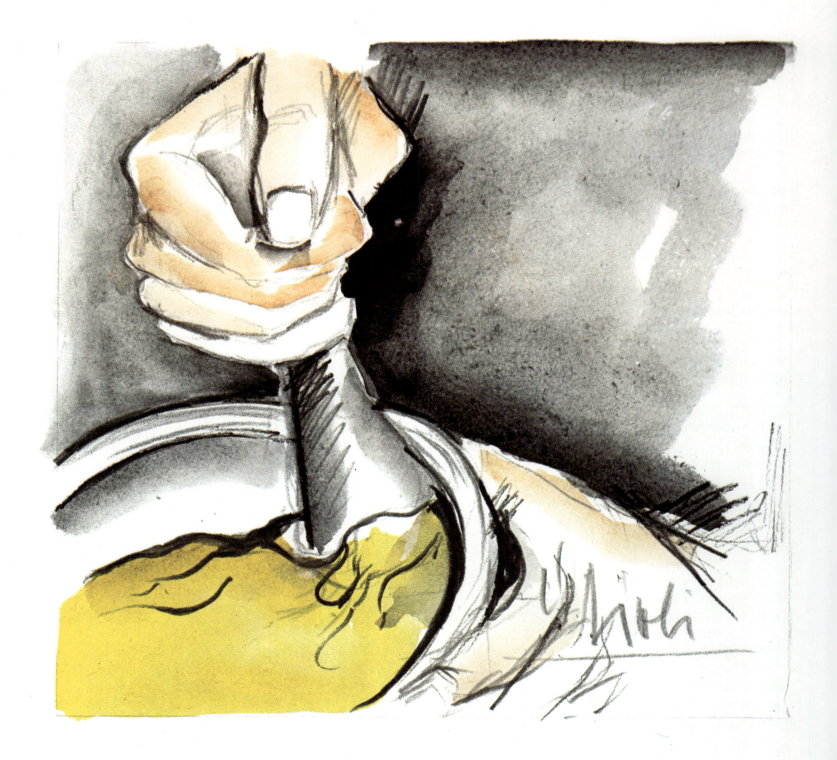

Es ist schwierig Mengen anzugeben, da die Zusammenstellung sehr
von dem Salat abhängt, zu dem die *vinaigrette* gereicht wird.
Als Richtlinie könnte gelten:

Sauce vinaigrette
Salatsauce

Ca. ½ Teelöffel Salz
2 Eßlöffel Essig
1 Teelöffel Moutarde de Dijon
1 bis 2 Knoblauchzehen
7 bis 8 Eßlöffel Olivenöl
Pfeffer

Das Salz in eine Salatschüssel geben, mit Essig vermischen und so
lange rühren, bis es sich aufgelöst hat. Die Knoblauchzehen über eine
Gabelspitze an der Schüsselwand zerreiben, Senf und Pfeffer
hinzufügen und unter Rühren das Olivenöl dazugeben. So lange
rühren, bis sich alle Zutaten gut miteinander verbunden haben
und die Sauce fast dickflüssig geworden ist.

Aïoli
Provenzalische
Knoblauch-
Mayonnaise

1 Person
2 Knoblauchzehen
1 Eigelb
3 bis 4 Eßlöffel Olivenöl
Zitrone,
Salz
Pfeffer

In einem Mörser oder einer Schüssel die Knoblauchzehen zerdrücken,
Eigelb und eine Prise Salz hinzufügen, unter Rühren tröpfchenweise
das Olivenöl dazugeben. Dabei immer in eine Richtung rühren.
Wenn die Sauce beginnt fest zu werden, etwas Zitronensaft und
1 Teelöffel lauwarmes Wasser hinzufügen. Gerinnt die *aïoli*, verfahren
Sie wie im Rezept für Mayonnaise beschrieben.

Sauce à l'ail
Knoblauch-Sauce

Ca. 4 Personen
15 bis 20 Knoblauchzehen
1 Tasse Bouillon
Salz
Pfeffer
Crème fraîche
Tomatenmark

Die Knoblauchzehen schälen, in Wasser blanchieren, mit kaltem
Wasser abschrecken und abtropfen lassen. In einem Töpfchen eine
Tasse Bouillon oder Bratenjus mit den zerstampften Knoblauchzehen
aufkochen lassen, salzen und pfeffern. Man kann etwas *crème fraîche*
hinzufügen und ein wenig Tomatenmark.

Sauce au foie gras
Sauce mit Gänseleber

Eine Salatsauce, die sich besonders für „wilde grüne Salate" eignet.

1 Gänseleber
6 bis 7 Eßlöffel Olivenöl
1 bis 2 Teelöffel Essig
1 Knoblauchzehe

Geröstetes Weißbrot
Salz
Pfeffer

Eine Gänseleber in wenig Olivenöl auf jeder Seite zwei Minuten anbraten. In einem Mörser fein zerreiben, Salz, Pfeffer und Essig dazugeben, nach und nach das Olivenöl unterrühren. Über den vorbereiteten Salat geben, darüber kleine geröstete und mit Knoblauch abgeriebene Weißbrot-Krüstchen verteilen.

Mayonnaise

4 Personen
2 Eigelb
2 Teelöffel Moutarde de Dijon
1/2 Liter Olivenöl

Salz
Pfeffer
Zitronensaft

Eigelb mit Senf dickschaumig verrühren, tropfenweise Olivenöl hinzugeben. Zum Schluß Zitronensaft und eventuell 1 Eßlöffel lauwarmes Wasser unterrühren.
Sollte Ihnen das kleine Unglück passieren, daß die Sauce gerinnt, so „richten" Sie sie wieder auf. In eine 2. Schüssel (am besten aus Porzellan) gibt man ein weiteres Eigelb und einige Tropfen Zitronensaft und rührt nach und nach löffelchenweise die Mayonnaise unter.

Rouille
Scharfe Knoblauchmayonnaise

2 bis 4 Personen
2 Knoblauchzehen
2 Piment, rot
(rote Chili-Schote)
1 gestr. Eßlöffel Paniermehl

2 Eßlöffel Olivenöl
1 bis 2 Eigelb
1/8 Liter Kochbrühe
(Muscheln, Fisch)

Die Knoblauchzehen mit den Chili-Schoten und dem Paniermehl fein zerreiben. Das Eigelb unterziehen und unter ständigem Rühren soviel Olivenöl und Kochbrühe dazugeben bis eine cremige Paste entsteht.

L'anchoïade
Anchoviscreme

Knoblauchzehen
Anchovisfilets
Olivenöl
Pfeffer

Einige Knoblauchzehen (pro Person eine) mit der Haut in wenig Salzwasser garen, schälen und in einem im Wasserbad stehenden Topf zerstampfen, pfeffern, pro Person zwei Anchovisfilets, feingehackt, hinzugeben und unter Rühren langsam schmelzen lassen. Zwei bis drei Glas Olivenöl dazugeben. Kurz vor dem Servieren umrühren, da sich die Anchovis am Boden des Topfes absetzen.

Sauce aux anchois
Anchovissauce

6 Anchovisfilets
2 Eigelb, hartgekocht
1 bis 2 feingehackte Knoblauchzehen
Ca. 1/4 Liter Olivenöl
Salz
Pfeffer
Zitrone oder Essig

Anchovis mit Knoblauch und Eigelb zu einem homogenen Brei verrühren. Nach und nach das Olivenöl zugeben und mit wenig Essig oder Zitronensaft, Salz und Pfeffer abschmecken.

Purée d'ail
Knoblauchpüree

4 Personen
20 Knoblauchzehen
1 Eßlöffel crème fraîche
Salz
Pfeffer
1 Eßlöffel Olivenöl

Ca. 20 Knoblauchzehen schälen, in Salzwasser fünf Minuten blanchieren, mit kaltem Wasser abschrecken und abtropfen lassen. In einem Mörser die Knoblauchzehen zermalmen, mit etwas *crème fraîche*, Salz, Pfeffer und Olivenöl vermischen. Die Sauce kann zu Fleisch gereicht werden, ebenso jedoch auf kleine croûtons gestrichen und zum Aperitif serviert werden.

Beurre d'ail
Knoblauchbutter

Knoblauchzehen schälen und in Salzwasser blanchieren, mit kaltem Wasser abschrecken und abtrocknen lassen. Die Zehen im Mörser zerstampfen und mit doppelter Menge Butter vermischen. Mit Salz und Pfeffer abschmecken.

Eine andere Zubereitungsart:
6 Knoblauchzehen, 60 Gramm Butter. Die Knoblauchzehen im Mörser zerkleinern und zu einem Brei verrühren. Nach und nach die Butter hinzugeben und zu einer homogenen Masse rühren.

Beurre d'escargots
Schneckenbutter

6 Knoblauchzehen, 1 Schalotte und 1 Bund Petersilie, alles feingehackt, im Mörser zerstampfen und gut miteinander vermischen. Nach und nach 60 Gramm Butter unterrühren. Diese Façon eignet sich besonders gut für Schneckengerichte.

Beurre d'écrevisses
Krebsbutter

Die Krebse schälen, die Krebsschwänze zur Seite stellen. Kopf und Schalen zerkleinern und mit Butter vermengen. In einem kleinen Topf oder einem Pfännchen unter Rühren erhitzen, klären lassen. Durch ein Haarsieb streichen und erkalten lassen.

Beurre d'anchois
Anchovisbutter

Die vorbereiteten Anchovisfilets im Mörser zerstoßen und mit der doppelten Menge Butter vermischen.

Zum Schluß des Saucen-Kapitels habe ich Rezepte für hellen und dunklen Fond, die Grundlage für viele Suppen, Saucen und Gerichte sind, notiert. Ferner mein Rezept für die *court bouillon*, in der Fische und Krustentiere gegart werden können.

Les Fonds
Heller Fond

1 bis 2 Kilogramm Kalbfleisch oder anderes helles Fleisch (je nach Verwendung), in Stücke geschnitten
1 Kalbsfuß
500 Gramm Kalbsknochen
1 bis 2 Karotten
½ Stange Lauch (nur das Weiße der Lauchstange)
1 bis 2 Zwiebeln
1 bouquet garni

Fleisch und Knochen in wenig Butter leicht anbraten (darf keine Farbe annehmen), die übrigen Zutaten feingehackt hinzufügen. Mit 2 bis 3 Liter kaltem Wasser auffüllen, salzen, und langsam zum Kochen bringen. Immer wieder abschöpfen, da die Brühe sonst nicht klar wird. Ca. 5 Std. ohne Deckel kochen lassen.

Dunkler Fond

Kalb- oder Hühnerfleisch durch Rindfleisch oder anderes dunkles Fleisch ersetzen und wie bei hellem Fond beschrieben verfahren, das Fleisch jedoch scharf anbraten und Farbe annehmen lassen.

Court-bouillon

Das Verhältnis Wasser zu Wein richtet sich nach dem zu kochenden Fisch. Bei Schalen- und Krusten-Tieren ⅔ Wasser und ⅓ Wein, bei Fischen umgekehrt oder sogar nur trockener Weißwein. In der Wasser-Wein-Mischung einige ganze Pfefferkörner, ein *bouquet garni*, ein Stück Lauch, Sellerie und Karotte, eine Zwiebel, mit 1 bis 2 Nelken gespickt, und etwas Weißwein-Essig zum Kochen bringen und ca. 20 Minuten köcheln, mit Salz abschmecken. In diesem Sud Schalen- oder Krustentiere, bzw. Fische garen lassen.

Les Fromages
Käse

Wie in Frankreich üblich, so wird auch in der Provence jede Mahlzeit mit Käse abgeschlossen, um diese abzurunden und das volle Bouquet des Rotweins zu genießen. Die Provence ist nicht reich an Käsesorten. Typisch provenzalisch ist Käse aus Ziegen- oder Schafsmilch, der aber in vielen Variationen und Reifegraden auf den Märkten angeboten wird. Wir haben bei unserem Hausbau viele solcher Käseformen gefunden. Es sind kleine Tontöpfchen, die rundherum durchlöchert sind, um die angesäuerte Milch abfließen zu lassen. Zurück bleibt der *tomme*.

Meinen Ziegenkäse kaufe ich auf dem Markt oder, wenn es unsere Zeit erlaubt, auf einem kleinen Bauernhof, der verloren auf dem Hochplateau von Albion liegt. Die Wahl der Käse, ob frisch, halbtrocken oder trocken, richtet sich nach dem Verwendungszweck.

Fromage de chèvre à l'ail
Frischer Ziegenkäse mit Knoblauch

1 frischer Ziegenkäse
1 bis 2 Knoblauchzehen, feingehackt

1 Bund Petersilie, feingehackt
2 bis 3 Eßlöffel Olivenöl
Etwas Salz

Ziegenkäse mit den Zutaten gut durchkneten und servieren. Man sollte nur so viel Käse anmachen, wie man für eine Mahlzeit benötigt, da bei längerer Lagerung der Knoblauch scharf im Geschmack wird.

Petits chèvres à l'huile
Ziegenkäse in Olivenöl

Halbtrockener Ziegenkäse
Olivenöl
Bohnenkraut
Rosmarin
Thymian
Lorbeerblatt
Piment
Pfefferkörner

In ein Glas oder Tontöpfchen halbtrockenen Ziegenkäse (picodon) schichten, mit Olivenöl bedecken. Zwei Zweige Bohnenkraut, jeweils ein Ästchen Rosmarin und Thymian, ein Lorbeerblatt, ein Piment und einige Pfefferkörner hinzugeben. Zugedeckt acht Tage mazerieren lassen. Der Käse hält sich bei kühler Lagerung einige Wochen. Man kann noch zwei Knoblauchzehen dazugeben, was jedoch die Haltbarkeit beeinträchtigt. (Den benötigten Käse immer mit einem Holzlöffel oder einer Holzzange aus dem Gefäß herausnehmen.)

Ein weiteres Rezept, Käse einzulegen, stammt von Fréderic Mistral: In einem Teller vermischt man Essig, Salz und Pfeffer, wendet darin die trockenen picodons (Ziegenkäse) und schichtet diese in ein mit Nuß- oder Kastanienblättern ausgelegtes Tongefäß. Mit Nuß- oder Kastanienblättern gut abdecken und kühl stellen. Nach acht Tagen hat der Käse das richtige Aroma und man kann ihn essen.

Cachat
Hauskäse

Eine Käsespezialität besonderer Art ist der „cachat". Man findet ihn nicht auf den Speisekarten großer Restaurants, jedoch bietet jede Auberge diesen Hauskäse, hergestellt nach eigenem Geheimrezept, an. Er wird aus Käseresten bereitet. Sie bestimmen Geschmack und Qualität des „cachat". Sollten Sie einen solchen Käse einmal probieren, üben Sie Toleranz hinsichtlich des Geruchs.
Die Herstellung ist sehr einfach:
In einen Tontopf mit Deckel oder in ein verschließbares Glas alle Weichkäsereste geben, ein frischer *tomme* sollte jedoch nicht fehlen, mit Eau de Vie oder Cognac begießen.
So lange stehen lassen, bis der Käse zu einem Brei geworden ist. Zwischendurch immer wieder mit einem Holzspachtel umrühren.

Les desserts et les pâtisseries
Nachspeisen und Backwaren

Die Provenzalen reichen gerne nach einer Mahlzeit frische Früchte, die aus den nahen Anbaugebieten oder aus dem eigenen Garten kommen. Die Provence ist reich an Früchten bester Qualität. Im Lourmarin wachsen Kirschen und es gibt während der Erntezeit einmal wöchentlich einen Markt, auf dem nur Kirschen angeboten werden. Bei Carpentras gedeihen die Erdbeeren besonders gut, bei Avignon Äpfel und Birnen, bei Barroux Aprikosen und bei Cavaillon die Melonen.

Die Vielfalt der frischen Früchte ist ein Grund dafür, daß es nur wenige Süßspeisen provenzalischen Ursprungs gibt. Dagegen werden Backwaren verschiedener Art, eine „tarte" oder ein „gâteau", gern zum Dessert gegessen, wozu man übrigens auch Wein trinken kann. Ich habe diese Rezepte in meine Küche übernommen. Hier nun zunächst die Grundrezepte für einige Teigarten.

Pâte à brioche
Hefeteig

250 Gramm Mehl
1/8 Liter Milch
50 Gramm Butter,
in haselnußgroße Stücke zerteilt
20 bis 30 Gramm Hefe
1 Eigelb
1 Prise Salz
1 Prise Zucker
(70 Gramm Zucker, wenn der Teig süß sein soll)

Mehl in eine Schüssel sieben, in die Mitte eine Vertiefung machen, die lauwarme Milch hineingeben, eine Prise Zucker und die zerbröckelte Hefe. Zugedeckt 20 bis 30 Minuten warm stellen, damit die

Hefe gehen kann. Dann die restlichen Zutaten dazugeben und kräftig miteinander vermengen. Zugedeckt ca. 1 Std. warm stellen, der Teig sollte sich auf das doppelte Volumen vergrößern. Nochmals kurz mit der Hand durchkneten und weiter verwenden. Um eine glänzende schöne Oberfläche zu erhalten, mit einem verquirlten Eigelb vor dem Backen bestreichen.

Pâte brisée
Pastetenteig

250 Gramm Mehl
125 Gramm Butter
½ Teelöffel Salz
(1 gehäufter Eßlöffel Zucker bei süßer Füllung)
½ Glas Wasser

In eine Schüssel das Mehl sieben und die in haselnußgroße Stücke geteilte Butter dazugeben. In der Mitte des Mehls eine Vertiefung machen und die restlichen Zutaten hineingeben. Vorsichtig mit den Händen zu einem glatten Teig vermengen. Für einen Boden von 22 oder 23 cm Durchmesser oder für 12 *barquettes* 150 Gramm Mehl und 75 Gramm Butter etc. verwenden.

Pâte à choux
Brandteig

250 Gramm Mehl
200 Gramm Butter
½ Glas Wasser
7 bis 8 Eier
1 Prise Salz

In einem Topf das Wasser mit der Butter und einer Prise Salz zum Kochen bringen. Mehl unter kräftigem Rühren zugeben, einige Minuten auf der Flamme weiterrühren. Wenn der Teig glatt ist, das heißt, wenn er sich vom Rand des Topfes löst, zur Seite stellen und etwas abkühlen lassen. Nach und nach unter Rühren die Eier zugeben und sofort weiterverarbeiten.

Choux
Windbeutel

Von der Brandteig-Masse mit zwei in Wasser getauchten Teelöffeln nußgroße Kugeln auf ein leicht gefettetes Blech setzen, evtl. mit etwas Eigelb bestreichen und sofort goldgelb abbacken. Die choux müssen sich beim Herausnehmen hart anfühlen, sonst fallen sie in sich zusammen. Erkalten lassen und mit *Vanillecreme* füllen.

Crème à la vanille pour garnir les choux
Vanillecreme zur Windbeutelfüllung

250 Gramm Zucker
50 Gramm Mehl
100 Gramm Butter
8 Eigelb
½ Liter Milch
1 Vanilleschote

Die Milch mit der aufgespaltenen Vanilleschote aufkochen. Die übrigen Zutaten gut vermischen. Nach Entfernen der Vanilleschote die Milch in die Mischung geben und nochmals zum Kochen bringen. Unter ständigem Rühren erkalten lassen. Anschließend die Windbeutel mit der Creme füllen. Zu Hochzeiten, zur Taufe oder Kommunion baut man eine Pyramide aus gefüllten kleinen choux, über die karamelisierter Zucker gegossen wird.

Pâte à frire
Ausbackteig

500 Gramm Mehl
2 Eigelb
1 Prise Salz
2 Eßlöffel Olivenöl
2 Glas Wasser
2 Eiweiß,
zu festem Schnee geschlagen

Das Mehl in eine Schüssel sieben, in der Mitte eine Vertiefung machen, die restlichen Zutaten bis auf den Eischnee hineingeben und von innen nach außen zu einem glatten Teig verarbeiten. Mit einem Tuch bedecken. Vor dem Gebrauch den Eischnee unterheben und weiterverarbeiten.

Crème de moka au beurre
Mokka-Butter-Creme

⅛ Liter Mokka
⅛ Liter Milch oder Sahne
4 Eigelb
125 Gramm Zucker
200 Gramm Butter

Den Mokka mit der Milch oder der Sahne vermengen, Eigelb und Zucker schaumig rühren, die Mokka-Milch-Mischung zugeben und unter ständigem Rühren auf kleiner Flamme dick kochen. Durch ein Sieb in eine Porzellanschüssel streichen und erkaltet in die schaumig gerührte Butter rühren.

Eclairs

Die *pâte à choux* mit Hilfe eines Spritzbeutels in ca. 10 cm lange Streifen auf ein leicht gefettetes Backblech spritzen, sofort abbacken. Nach dem Erkalten mit *Vanille-Creme* oder *Mokka-Butter-Creme* füllen und mit entsprechender Glasur überziehen.

Clafoutis aux cerises
Kirschkuchen

350 Gramm Kirschen
70 Gramm Butter
70 Gramm Zucker
70 Gramm Mehl
3 Eier
1 Gläschen Kirschwasser

Unter fließendem Wasser die Kirschen waschen, Stiele und Kerne entfernen. Eine Soufflé- oder Auflaufform gut einfetten, die Kirschen darauf verteilen. In einer Schüssel Zucker und Eier verschlagen, die aufgelöste Butter dazugeben und nach und nach das gesiebte Mehl unterrühren. Das Kirschwasser hinzufügen und mit dem Teig gut vermischen und über die Kirschen geben. In dem auf 200 Grad vorgeheizten Backofen während 30 Minuten backen. Zur Kontrolle, ob der Kuchen gar ist, kann man mit einem spitzen Messer hineinstechen, das Messer muß trocken bleiben. Man kann den Kuchen lauwarm in der Form servieren oder aber auch kalt auf einer Platte angerichtet. Vor dem Servieren mit wenig Puderzucker bestäuben.

Tarte aux pommes
Apfelkuchen

Pâte brisée aus 150 Gramm Mehl
1 bis 2 Eigelb
4 bis 6 Äpfel
3 bis 4 Eßlöffel Zucker
Apfelgelee

Pâte brisée herstellen (man kann noch ein bis zwei Eigelb zum Teig geben, wenn man möchte). Eine gut gefettete Tortenform von 22 cm Durchmesser mit dem Teig auslegen. Vier bis sechs Äpfel schälen, in dünne Scheiben schneiden und schuppig auf dem Boden verteilen. Mit Zucker bestäuben oder mit Apfelgelee bestreichen. Ca. 30 Minuten bei 200 Grad abbacken. Man kann nochmals 1 bis 2 Eßlöffel Zucker über den gebackenen Kuchen stäuben und für 5 bis 10 Minuten unter den Grill schieben, lauwarm oder kalt servieren.

Tarte aux mirabelles ou aux abricots
Mirabellen- oder Aprikosenkuchen

Pâte brisée aus 150 Gramm Mehl
Creme:
25 Gramm Mehl
50 Gramm crème fraîche
50 Gramm Zucker
1 Eigelb
Füllung:
750 Gramm Mirabellen oder Aprikosen
1 Eßlöffel Kirschwasser

Die gebutterte Springform mit dem Teig auslegen, Mirabellen oder Aprikosen entkernen, auf dem Tortenboden verteilen. Das Eigelb mit Zucker und Mehl verschlagen, *crème fraîche* und Kirschwasser hinzufügen und über die Früchte geben. Bei ca. 180 Grad 35 Minuten im Backofen abbacken. Den Kuchen kalt oder lauwarm servieren.

Gâteau aux fruits
Obstkuchen

4 gehäufte Eßlöffel Mehl
4 gehäufte Eßlöffel Zucker
1 Prise Salz
1 Päckchen Hefe
80 Gramm Butter
2 Eier
2 Äpfel oder 2 Birnen, in Stücke geschnitten, oder Aprikosen, oder Kirschen in entsprechender Menge

Butter und Zucker schaumig rühren, Eier, Mehl, Hefe, Wasser und Salz dazugeben, gut miteinander vermischen. In eine gefettete, evtl. mit Folie ausgelegte Springform von 22 cm Durchmesser füllen. Die Früchte hineingeben und ca. 1 Std. bei 180 Grad im Backofen backen. Mit Puderzucker bestreut lauwarm oder kalt servieren.

Soufflé au citron
Zitronenauflauf

4 Personen
200 Gramm Zucker   *Schale einer Zitrone*
3 Eier

Den Zucker mit den Eigelben schaumig rühren, die feingeriebene Zitronenschale zufügen. Das Eiweiß zu festem Schnee schlagen und vorsichtig unter die Masse heben. In eine ovale, gebutterte Auflaufform geben und während 7 bis 8 Minuten im Backofen bei 180 Grad abbacken. Mit Zucker bestreuen und sofort servieren.

Poires pochées au vin rouge
Birnen in Rotwein gekocht

4 Personen
8 kleine feste Birnen   *1 Zimtstange*
Ca. 1/4 Liter trockener Rotwein   *3 Nelken*
200 Gramm Zucker   *Ein wenig geriebene Muskatnuß*

Die Birnen im Ganzen schälen, die Stiele belassen. In einer Kasserolle die übrigen Zutaten langsam zum Kochen bringen, die Birnen zugeben und ca. 20 Minuten auf kleiner Flamme leise kochen, in einer Schüssel anrichten, den Sirup darübergeben und eiskalt servieren.

Les pâtisseries traditionnelles
Traditionelles Gebäck

So wenig Patisserien im Alltag in der Provence gegessen werden, so wesentlich und wichtig sind sie an den Festtagen. So gibt es zu jedem Fest ein traditionelles Gebäck. Man beginnt das neue Jahr mit dem Neujahrsgebäck *les oreillettes,* das man aber auch zu Hochzeiten, Taufen oder zur Kommunion ißt. Am Dreikönigstag bäckt man einen *gâteau des rois,* der auch *le royaume* oder *la pogne* genannt wird. Das ist eine Art Hefekranz mit kandierten Früchten. Der Kuchen wird mit einer goldenen Krone geschmückt. Nach altem Brauch wird im Teig eine Bohne versteckt, und derjenige, der sie findet, wird mit der Krone zum König gekrönt. Er darf sich eine Königin wählen, mit der er im kommenden Jahr einen gâteau du roi anbieten kann.
Zu Lichtmeß werden *crêpes* gebacken, in Marseille allerdings *navettes provençales,* die dort auch *navettes St. Victor* heißen, nach dem Schutzpatron der Stadt.
Am Aschermittwoch erfreut man sich an *beignets* oder *beignets aux pommes,* das sind Krapfen bzw. Apfelkrapfen.
Zu Ostern werden in jeder Bäckerei *brasseadeaux* angeboten. Das sind kleine Kuchen, die vor dem Backen in Wasser gekocht werden. In Aix-en-Provence wurden vom Bischof in der Kirche nach der großen Ostermesse *calissons d'Aix* verteilt, Oblaten, die mit einer Mandel/Aprikosensirup-Masse bestrichen und kurz überbacken werden.
Die Krönung der Patisserien am Ende des Jahres, zu Weihnachten ist der *bûche de Noël,* eine Biskuitrolle mit Schokoladenfüllung und Buttercreme-Garnierung.
Schließlich darf *la pompe de Noël* oder *gibassier* nicht vergessen werden, ein ausgerollter runder Hefekuchen, der unbedingt zu den Desserts des großen Weihnachtsmenüs gehört.

Les Oreillettes
Fritierte Plätzchen

500 Gramm Mehl
4 Eigelb
150 Gramm Zucker

1 Gläschen Wasser
Einige Spritzer Orangenwasser

Einen Teig aus den angegebenen Zutaten herstellen, ein bis zwei Stunden ruhen lassen, besser noch bis zum nächsten Tag. In mehrere kleine Stückchen aufteilen und nach und nach verwenden, indem man sie auf eine Dicke von 2 mm ausrollt. Rechtecke von 6x4 cm ausschneiden und in schwimmendem Öl goldgelb ausbacken. Abtropfen lassen und mit Puderzucker bestreuen.

Le gâteau des rois
Dreikönigskuchen

500 Gramm Mehl
20 bis 30 Gramm Hefe
350 Gramm Butter
7 Eier

15 Gramm Salz
50 Gramm Zucker
Kandierte Früchte

Zutaten wie bei einem *Hefeteig* verarbeiten. Nachdem der Teig gegangen ist, kandierte Früchte, in kleine Stückchen geschnitten, dazugeben. Den Teig in Form eines Ringes auf ein gefettetes Backblech geben, mit Eigelb bestreichen und mit etwas Hagelzucker bestreuen. Im Backofen bei 200 Grad abbacken.

Navettes provençales
Schiffchen St. Victor

750 Gramm Mehl
375 Gramm Zucker
65 Gramm Butter
1 Prise Salz

3 Eier
1 Deziliter Wasser
Die abgeriebene Schale einer Zitrone

Aus den Zutaten einen glatten Teig herstellen. Diesen in fünf Stücke teilen, jedes Stück zu einer Wurst von 2 cm ⌀ ausrollen, davon Stücke in 5 cm Länge abschneiden und oval, spitz zulaufend, wie kleine Boote formen. Auf ein gefettetes Backblech mit etwas Abstand voneinander legen, in der Mitte längs eine Einkerbung machen. Ein bis zwei Stunden in einem warmen Raum ruhen lassen. Ein Eigelb mit zwei Eßlöffeln Wasser verrühren und die navettes damit bestreichen. Bei mäßiger Hitze abbacken.

Beignets
Krapfen

Pâte à frire
4 Eigelb
4 Eiweiß
4 Eßlöffel Zucker

Man bereitet eine *pâte à frire* (gibt jedoch 4 Eigelb, 4 Eiweiß und 4 Eßlöffel Zucker hinzu).
Falls der Teig zu fest erscheint, vorsichtig etwas Bier unterrühren. Kugeln von ca. 6 cm ⌀ formen, diese leicht „ausziehen" und in der Friteuse in heißem Öl ausbacken. In Zucker wenden und servieren.

Beignets aux pommes
Apfelkrapfen

Pâte à frire
4 Äpfel
2 Eßlöffel Zucker
1 Glas Cognac, Eau de Vie oder Rum

Eine *pâte à frire* bereiten. Äpfel schälen und die Kerngehäuse herausstoßen, in Scheiben von 1 cm Dicke schneiden. Auf eine Platte legen, mit Zucker bestreuen, ein Glas Cognac, Eau de Vie oder Rum darübergießen und 20 Minuten ziehen lassen. Anschließend jede Scheibe in den Teig tauchen und in der Friteuse in schwimmenden Öl backen. In Zucker wenden und servieren.

Brasseadeaux
Osterkuchen

12 Eier
1 Gläschen Wasser
1 Gläschen Eau de Vie
Ein wenig abgeriebene Orangenschale
1 Prise Salz
250 Gramm Zucker
125 Gramm Butter
Ca. 500 Gramm Mehl

Eier, Butter und Zucker schaumig rühren, Wasser, Eau de Vie, Orangenschale und Salz dazugeben und mit so viel Mehl vermengen, bis ein geschmeidiger Teig entsteht, den man ein bis zwei Stunden ruhen läßt. Den Teig in faustgroße Stücke schneiden und jedes Stück zu einem Ring formen. In einem großen Kessel Wasser zum Kochen bringen, die Ringe darin pochieren. Wenn sie an die Oberfläche steigen, ist der Teig gar. Herausnehmen und auf ein Sieb zum Abtropfen legen. Wenn alle Ringe pochiert sind, diese auf ein gefettetes Backblech legen und im Backofen goldgelb backen.

Calissons-d'Aix
Kleine Mandelkuchen

500 Gramm feiner Zucker
500 Gramm feingeriebene Mandeln
Einige Eßlöffel Aprikosensirup
2 Eiweiß
200 Gramm Puderzucker
Oblaten

Zucker mit den Mandeln vermischen und durch ein Sieb streichen. In einem Topf mit Aprikosensirup vermischen und auf kleiner Flamme etwas eintrocknen lassen. Die Masse auf Oblaten streichen (nach Möglichkeit Oblaten in ovaler Form). Aus Eiweiß und Puderzucker eine „glace royale" herstellen (Puderzucker und Eiweiß verrühren) und damit die Plätzchen bestreichen. Einige Minuten im Backofen bei mittlerer Temperatur backen.

Bûche de Noël
Biskuitrolle mit Schokoladenfüllung

Biskuitteig:
6 Eier
150 Gramm Zucker
1 Tütchen Vanillezucker
150 Gramm Mehl
1 Prise Salz
10 Gramm Butter
(zum Ausfetten der Backform)
Füllung:
100 Gramm Kochschokolade
1 Tütchen Vanillezucker
50 Gramm Butter
Buttercreme:
Sirup aus $^1/_4$ Glas Wasser,
1 Tropfen Zitronensaft und Zucker
1 Eigelb
15 Butternüßchen
100 Gramm Kochschokolade
100 Gramm Butter

100 Gramm Kochschokolade im Wasserbad auflösen und bis zur weiteren Verwendung warmhalten.
Ein flaches Backblech buttern und mehlen. Eigelb und Eiweiß trennen. In einer Schüssel die Eigelb mit Zucker und Vanillezucker verrühren. Das Eiweiß leicht salzen und zu festem Schnee schlagen. Nach und nach Mehl und Eischnee vorsichtig unter das Eigelb rühren. Den Teig gleichmäßig auf dem Backblech verteilen und in dem auf 200 Grad vorgeheizten Backofen ca. 10 Minuten backen. Währenddessen ein nasses Tuch auf den Tisch legen. Die aufgelöste Schokolade mit 50 g Butter und dem Vanillezucker vermischen. Wenn der Kuchen goldgelb ist, schnell auf das Tuch legen, mit der Schokoladenmasse bestreichen und einrollen. (Das muß alles sehr

schnell gehen, da der Kuchen sonst hart wird). Während der Kuchen auskühlt, die Buttercreme vorbereiten. Die Schokolade im Wasserbad auflösen, die Butter schaumig rühren und unter die Schokoladenmasse geben. Einen Sirup aus Zucker, Wasser und Zitrone herstellen. Den erkalteten Sirup mit dem Eigelb verschlagen. Unter Rühren die Butternüßchen nach und nach zugeben, ebenfalls die aufgelöste, etwas abgekühlte Schokolade. Mit einem Messer über den Kuchen verteilen und mit einer Gabel Längsrillen (ähnlich der Baumrinde) in den Kuchen ziehen. Mit einem Olivenzweig verzieren.

La pompe de Noël ou gibassier
Weihnachtskuchen

Einen Vorteig bereiten aus:
200 Gramm Mehl
30 bis 40 Gramm Hefe
150 ccm Olivenöl
1 Prise Salz

Mit einem Tuch zugedeckt bis zum nächsten Tag warm stellen.

Einen Teig bereiten aus:
500 Gramm Mehl
2 Eiern
100 Gramm Zucker
Etwas geriebener
Orangen- oder Zitronenschale

Den Vorteig hinzufügen, gut miteinander vermengen und nochmals ca. 1 Stunde gehen lassen.

Den Teig kurz durchkneten und zu mehreren Scheiben von einem ⌀ von ca. 20 cm und einer Dicke von 1 cm ausrollen. Auf ein gefettetes Backblech legen und mit einem Messer mehrere Längseinschnitte vornehmen. Im auf 200 Grad vorgeheizten Backofen ca. 20 Minuten abbacken.

Les menus traditionnels
Traditionelle Gerichte

Große traditionelle Menüs an den einzelnen Festtagen haben sich nicht gehalten. Weihnachten macht eine Ausnahme. Vor der Mitternachtsmesse wird ein großes Nachtmahl, das „gros souper" bereitet. Es beginnt mit einer *l'anchoïade* oder *aïoli et escargots,* gefolgt von einem *Stockfisch-Gericht.* Als Gemüse darf *la carde* nicht fehlen. In Marseille ißt man Blumenkohlsalat. Dann folgen die *13 Desserts.* Das heißt, eigentlich sind es nur elf, die traditionell sind. Die letzten beiden sind nahezu in jeder Stadt verschieden.
Bei uns im Dorf gehören Nüsse, Mandeln, Haselnüsse, trockene Feigen, Datteln, weißer Nougat, dunkler Nougat, Melonen oder kandierte Früchte, getrocknete Pflaumen, Äpfel, Orangen, Trauben oder Korinthen und die *„pompe de Noël"* dazu. Nach der Mitternachtsmesse wird häufig eine kleine Mahlzeit eingenommen, bestehend aus sogenannten „boudins", das sind Würste, ähnlich der bei uns bekannten Blutwurst. Am Weihnachtstag beginnt das déjeuner, das Mittagessen, mit einer *aïgo boulido.* Es folgt eine Pute, gebraten, eine „dinde à la broche", gefüllt mit einer Farce aus $1/3$ Kalbfleisch, $2/3$ Schweinefilet und Trüffeln. Wenn die Pute gar ist, entzündet man einen Speckstreifen. Mit dem austretenden Fett beträufelt man den Braten, wodurch die Haut knusprig und braun wird.
Zu Ostern ißt man ein in der Provence gezogenes Lamm. Es unterscheidet sich im Geschmack ganz wesentlich von in anderen Regionen aufgewachsenen Lämmern. Die Weideflächen sind trocken und karg, fettes Gras gibt es nicht, stattdessen Rosmarin, Thymian und Bohnenkraut. Diese Kräuter verleihen dem Fleisch das unvergleichliche Aroma.

Coutumes locales
Regionale Gebräuche

Man hat mir erzählt, daß man zur Geburt eines Kindes Salz, Brot, Eier und Streichhölzer schenkt mit den Wünschen, daß das Kind werde, wie die Gaben:
„Sage comme du sel
Bon comme du pain
plein comme un oeuf
droit comme une allumett e"

„Weise wie das Salz
Gut wie das Brot
wohlhabend wie ein Ei
aufrecht wie ein Streichholz"

Eine andere Tradition, die sich hält, ist die, zur Hauseinweihung oder „pendre la crémaillère" eine Schüssel mit Bohnen oder sonstigen Trockengemüse, das sich „vergrößern" kann, zu überreichen. Das bedeutet Wohlstand und Wohlergehen für die Zukunft.
Am Palmsonntag ißt man übrigens Linsen, in dem guten Glauben, daß man das ganze Jahr vor Forunkulose geschützt sei.
Da man während der gesamten Fastenzeit keine Eier gegessen hatte, brachte man am Karsamstag Eier in die Kirche zur Weihe. Sie standen während der Messe in Schüsseln zusammen mit Zitronen auf dem Altar. Nach der Messe wurden sie dann an Kinder, Freunde oder Verwandte verschenkt.

Les vins cuits et les vins fortifiants
Hausgemachte Süßweine und Kräuterliköre

Guignolet / Kirschsüßwein

3 Liter trockener Rotwein
1 Liter Kirschwasser
1 Liter Granatapfel-Sirup (Grenadin)

miteinander vermischen und als Aperitif servieren.

Le vin de noix / Nuß-Wein

2,5 Liter trockener Rotwein
15 noch grüne Nüsse
500 Gramm Zucker
Einige Nelken

Die zerkleinerten Nüsse in ein Glasgefäß mit dem Rotwein und den restlichen Zutaten vermischen. 40 Tage mazerieren lassen, filtern und in Flaschen füllen. Als Aperitif reichen.

Liqueur de verveine / Eisenkrautlikör

Ca. 150 Blätter Eisenkraut in ein offenes Gefäß mit einem halben Liter Eau de Vie geben. Zwei Tage mazerieren lassen, filtrieren. 400 ml Wasser aufkochen, etwas erkalten lassen, 100 Gramm Zucker, 200 Gramm Honig hinzufügen. Wenn Zucker und Honig aufgelöst sind, das parfümierte Eau de Vie dazugeben. Einige Zeit stehen lassen und nochmals filtrieren. In Flaschen abfüllen und als Digestif servieren.

Le vin d'orange
Orangen-Süßwein

5 Orangen
1 Zitrone
1 Kilogramm Zucker
1 Liter Eau de Vie
5 Liter trockener Weißwein

Drei Orangen schälen, in Streifen schneiden und im Backofen bei kleiner Wärmezufuhr trocknen lassen, ebenso die Schale. In einem Glasgefäß den Weißwein mit den geschälten und in Stücke geschnittenen zwei restlichen Orangen, der Zitrone, dem Zucker und dem Eau de Vie vermischen. Die getrockneten Orangen und Schalen zugeben. Ein bis zwei Monate mazerieren lassen, filtrieren und in Flaschen abfüllen. Als Aperitif oder Digestif servieren.

Le vin d'aspic
Lavendelwein

In einen Liter Rotwein eine Handvoll Lavendelblüten geben, 14 Tage ziehen lassen, filtrieren. Der Wein wird bitter. Man serviert ihn nach dem Essen oder als Heilmittel bei Koliken.

Vin de sauge
Salbeiwein

Dieses Rezept läßt sich nur im Mai herstellen, wenn der Salbei blüht. In einen Liter Eau de Vie eine große Handvoll Salbeiblüten geben. Vierzig Tage ziehen lassen, filtrieren und in Flaschen abfüllen. Wirkt bei Müdigkeit anregend.

Cerises à l'eau de vie
Kirschen in Alkohol

Reife, feste Kirschen mit einem trockenen Tuch vorsichtig abreiben. Die Stiele mit einer Schere bis auf 1 bis 2 cm stutzen. Die so vorbereiteten Kirschen bis zur Hälfte in ein verschließbares Glasgefäß schichten, mit Zucker (für 500 Gramm Kirschen 100 Gramm Zucker) überstreuen und mit reinem Alkohol auffüllen. Die Kirschen müssen mit Alkohol bedeckt sein.
Wenn die ersten kalten Tage kommen, sind die Kirschen zum Verzehr bereit.
Man serviert 2 bis 3 Kirschen mit Alkohol in einem Süßweinglas nach dem oder zum Dessert.

Les épices et les herbes de la cuisine provençale
Die Gewürze und Kräuter der provenzalischen Küche

Die Küche des Midi ist eine gut verträgliche, bedingt durch den bewußten Gebrauch von Kräutern, Knoblauch und Olivenöl.
Das Olivenöl aus der Provence ist das Beste. Schon Frédéric Mistral besang es in seinem letzten poème unter dem Titel „Les Olivades". Sie müssen unbedingt auf die Bezeichnung „l'huile d'olive vierge" achten, was, wörtlich übersetzt heißt: „Jungfräuliches Olivenöl". Gemeint ist damit die erste Kaltpressung.
In diesem Zusammenhang erinnere ich mich an einen Ausflug zwischen den Festtagen Weihnachten und Neujahr, zum Mont Ventoux. Auf dem Wege dorthin passierten wir ein Dorf, gelegen auf der Höhe eines Felsens. Ein für uns damals noch undefinierbarer Geruch zog uns an. Wir folgten diesem und kamen zu einem fast verfallenen Haus, welches sich als eine „moulin d'olives", eine Ölmühle herausstellte. Wir fühlten uns ins 19. Jahrhundert zurückversetzt. Über Transmissionen angetrieben, bewegten sich im Schneckentempo zwei Mühlsteine gegeneinander und zermalmten Oliven. Dieses Mus wurde dann von Hand in geflochtene Jutematten gelegt und mit großen Gewichten gepreßt. Das herausgepreßte Öl lief über Filter und Zentrifugen in Kannen und stand dann zum Verkauf bereit. Wir deckten uns mit unserem Jahresbedarf ein, der Besitzer erzählte uns noch, was mit dem ausgepreßten Mus geschieht. Es geht an Fabriken, die über chemische Verfahren eine zweite Pressung erzielen. Das so gewonnene Olivenöl hält natürlich keinem Vergleich zu dem „l'huile vièrge" stand.
Wenn Sie einmal Gelegenheit haben frisch geerntete grüne oder schwarze Oliven auf einem Markt zu kaufen, so versuchen Sie eines

meiner Rezepte zur Konservierung. Die schwarzen Oliven lassen sich später mit verschiedenen Kräutern, Olivenöl und Knoblauch würzen, wie ich es unter *olives à la provençale* beschrieben habe.

Les olives de Nyons
Schwarze Oliven aus Nyons

Für diese Art der Olivenkonservierung benötigt man kleinere Oliven, welche nach meinem Geschmack die besten sind. Ihre Farbe sollte schwarz-violett sein, die Haut schon ein wenig faltig, jedoch sollten sie nicht zu reif sein.
Man schichtet die Oliven so wie sie sind in ein Steingutgefäß (bis zu $^2/_3$ des Gefäßes), bedeckt sie mit einer 10 % Salzlake (100 Gramm Salz auf 1 Liter Wasser), gibt einige Lorbeerblätter hinzu, wenn man mag ein wenig Bohnenkraut (sarriette), bedeckt das Gefäß, wenn es keinen Deckel hat, mit einem Suppenteller und stellt es an einen kühlen Ort. Anfang des darauffolgenden Sommers müßten die Oliven zum Verzehr bereit sein. In dieser Salzlake sind die Oliven lange haltbar. Nur darf man nie mit der Hand die Oliven aus der Lake nehmen. Dafür gibt es spezielle, durchlöcherte Holzschöpflöffel.
Eine weitere Art der Zubereitung:
Die Oliven werden kräftig mit Salz (ca. 1 Kilogramm Salz auf 10 Kilogramm Oliven), Pfeffer, Thymian und Lorbeerblättern einfrottiert. Anschließend werden die Oliven mit dem Salz und den Kräutern in ein Steingutgefäß geschichtet und mit kaltem Wasser bedeckt. Zugedeckt kühl stellen; auch hier muß man sich bis zum kommenden Sommer gedulden, dann haben sie ihr volles Aroma entwickelt.

Les olives vertes au fenouil
Grüne Oliven mit Fenchel

Von Anfang Oktober bis in den Dezember hinein findet man die grünen Oliven auf den provenzalischen Märkten. Man zerschlägt das Fruchtfleisch mit einem Holzhammer, nicht zu heftig, da die Oliven nur platzen sollen. Dann schichtet man die Oliven in ein Steingutgefäß und bedeckt sie mit klarem kaltem Wasser. Während 9 Tagen jeden Tag das Wasser wechseln. Nach dieser Zeit bereitet

man eine 10 % Salzlake (100 Gramm Salz auf 1 Liter Wasser), bringt diese mit reichlich wildem Fenchelkraut und einigen Lorbeerblättern zum Kochen. Den Sud ca. 15 Minuten kochen lassen. Nach dem Erkalten über die abgetropften Oliven geben, so daß sie bedeckt sind. Zugedeckt kühl stellen.
Nach ca. 10 Tagen müßten die Oliven bereit zum Verbrauch sein. Sollten sie noch zu bitter sein, so gedulden Sie sich noch einige Tage.

Der Knoblauch aus der Provence ist besonders mild und von unvergleichlichem Aroma, das jeder Salatsoße gut ansteht! Die Zehen sind groß und von gräulichweißer Farbe, ungebleicht und ohne Konservierungsstoffe.
Fast alle Gerichte werden mit einem Kräutersträußchen oder einem *bouquet garni* gewürzt.
Der vorsichtige Gebrauch der Kräuter unterstützt den spezifischen Geschmack der Speisen.
Jede Hausfrau hat ihre Spezialmischung der *herbes de Provence,* der Kräuter der Provence, oder sie stellt sie nach alten übernommenen Rezepten zusammen.
So wurde mir folgende Mischung der wildwachsenden Kräuter von Madame Icard verraten:

Epices provençales
Herbes de Provence
Provenzalische Kräuter

20 Gramm Thymian
20 Gramm Rosmarin
20 Gramm Lavendel (Aspic)
20 Gramm Orangenschale
20 Gramm Bohnenkraut

20 Gramm Quendel
10 Gramm Nelken
10 Gramm Lorbeer
$^1/_2$ Muskatnuß

Alle Kräuter gut an der Luft trocknen lassen, in einem Mörser pulverisieren und in gut verschließbarem Gefäß aufbewahren. *Epices provençales* eignen sich besonders gut zum würzen von kurzgebratenem oder gegrilltem Fleisch, *tomates farcies*, verschiedenen Braten und gegrilltem Geflügel.

Hier einige allgemeine Richtlinien im Gebrauch von Kräutern:
Fisch: Fenchel, Lorbeer, Thymian
Gegrilltes Fleisch: Thymian, Rosmarin, Origan, oder *herbes de Provence* (épices provençales)

Schwein: Salbei, Thymian
Wild: Thymian, Lorbeer, Bohnenkraut, Wacholder
Drosseln: Wacholder, Thymian
Wachteln: Quendel oder Feldthymian
Geflügel: Estragon, Thymian, Basilikum, *herbes de Provence*

Quatre épices

Zu den häufig erwähnten quatre épices gehören:

125 Gramm gemahlener weißer Pfeffer
10 Gramm gemahlene Nelken
30 Gramm gemahlener Ingwer
35 Gramm gemahlene Muskatnuß

Bouquet garni

Zum bouquet garni gehören:

2 bis 4 Petersilienstengel
1 Lorbeerblatt
Eventuell, dann ist es jedoch immer extra erwähnt,
1 Stange Lauch
Thymian oder Rosmarin

Moutarde de Dijon

Das ist ein kräftiger Senf aus Dijon. Falls er bei uns nicht erhältlich ist, ersetzt man ihn durch scharfen Senf.

In einem Land der Kräuter spielen diese nicht nur eine Rolle beim Würzen der Speisen. Seit alten Zeiten nutzt man sie zur Heilung verschiedener Leiden. Und so vergeht heute noch kein Abend auf dem Lande, an dem der traditionelle Provenzale nicht eine „infusion", einen Kräuteraufguß zu sich nimmt. Diesen Aufguß bereitet man wie einen normalen Tee, indem man kochendes Wasser über die Kräuter gibt, 10 Minuten ziehen läßt und dann abgießt.
So wirkt zum Beispiel ein Aufguß von Thymian stärkend, appetitanregend, verdauungsfördernd und gegen Husten. Beruhigend und schlafförderd wirkt Majoran. Rosmarin ist herzstärkend, wirkt

abführend, lindernd bei Grippe und ist gut für die Leber. Pfefferminz und Quendel regen den Kreislauf an.

Als kleines Geheimnis überbrachte man mir das Rezept eines Genueser Arztes, das er mit in die Provence brachte, wo es von Generation zu Generation vererbt wurde.

Elixir de longue vie
Elixier für ein langes Leben

In
1 Liter Eau de Vie
1 Liter Weißwein
1 once Aloe
1 gros Curcuma-Wurzel
1 gros Blätterpilz oder Schwamm
1 gros Enzian
2 gros Safran (du Levant)
2 gros Rhabarber
2 gros Chinarinde, Sennstrauch und Veronica-Wurzel
2 gros Wacholderextrakt

einlegen und während 15 Tagen ziehen lassen. Anschließend filtern und in Flaschen abfüllen.
1 once sind ca. 30 Gramm
1 gros ist der 8. Teil einer once, also ca. 3,8 Gramm

Anwendung:

Bei Herzbeschwerden: 1 kleinen Löffel
bei schlechter Verdauung: 4 kleine Löffel in einer Tasse Tee aufgelöst
bei Schluckauf: 3 kleine Löffel mit 3 kleinen Löffel Wasser vermischen. Wenn der Schluckauf hartnäckig ist, einen weiteren Löffel Elixier nehmen.
bei Zahnschmerzen: ein Wattebäuschchen mit Elexier tränken und an bzw. in den schmerzenden Zahn geben.
bei Fieber: 1 Löffel, wenn das Fieber nicht sinkt, dann einen 2. Löffel, sinkt es dann noch nicht, so gewiß nach dem 3. Löffel.
um abzuführen: Männer: 3 Löffel abends, Frauen: 2 Löffel abends
für Alternde: 1 Löffel alle 8 Tage, das wirkt belebend und hält sie heiter und robust.
Der Arzt soll übrigens mit 104 Jahren gestorben sein – nach einem Sturz vom Pferd.

Les vins de Provence
Über die Weine in der Provence

„... mon cher, wenn über Jahre unser Tafelwein als „Großer von Bordeaux" verkauft werden konnte, spricht das wohl nicht gegen unsere Produkte", so, schmunzelnd, unser Freund Armand, viticulteur, Winzer aus dem Gard. Das Schmunzeln ist oft den Winzern eigen, wenn es um die „Anderen" geht. Ein bißchen Prestige-Denken ist Standessache, auch zwischen Genossenschaftskellern (cave cooperative) und selbstproduzierenden, vertreibenden, Winzern, zwischen denen die spritzen (sulfatieren) und denen, die nicht spritzen (ihren Wein biologisch kultivieren).
Ich richte mich nach den Bezeichnungen V. D. Q. S. (Vin de la qualitée supérieure und A. C. Appellation controlée). Von der letzteren, der appellation controllée in Châteauneuf-du-Pape weiß Monsieur Chabon zu berichten, daß sie die älteste Kontrolle von Weinen in Frankreich ist.
Wenn von Weinen der Provence die Rede ist, wird oft der Rosé zuerst genannt. Rosé, das verbinden viele mit dem Genuß in sommerlicher Hitze – eisgekühlt, im Plated-Kühler. Er paßt auch zu vielen plats d'été (sommerlichen Gerichten) gut. Bei unseren Winzerfreunden wurde der Rosé nie ernsthaft als Wein diskutiert. Die bekanntesten Rosé-Weine sind die von Tavel und Lirac.
Weniger bekannt sind die excellenten Weißen der Provence: Bellet, Bandol, Cassis, und der Châteauneuf-du-Pape (blanc de blanc).
Die besten Roten werden im Rhône-Tal angebaut. Steiniger Boden auf Lehm speichern Feuchtigkeit und Wärme. Ein in der Regel trockener heißer Sommer mit Regen kurz vor der Ernte ist ideale Voraussetzung für einen erdigen, vollen Wein, dessen charaktervollste

Trauben Grenache, Syrah und Carignan sind. Die besten Gewächse fanden wir zwischen Châteauneuf-du-Pape, Gigondas und Suze-la-Rousse unter der Gebietsbezeichnung „Côtes du Rhône". Beim alljährlichen Wettbewerb der Weine in Orange tauchen neue Namen auf. Auch Gegenden, die nicht in den Renomierlagen liegen, haben gute Gewächse, und manchmal gelingt es einem, einen Champion zu entdecken, wie zum Beispiel den Rotwein aus Sérignan du Comtat, aus Uchaux oder aus Rochegude.

Dem Châteauneuf-du-Pape hat seine weltweite Popularität nicht geschadet. Einst als Meßwein für die Päpste in Avignon angepflanzt, ist er ein Wein für den Keller. Seine Lagerfähigkeit ist ausgezeichnet. Eine zusätzliche Kontrolle überwacht das Gebiet von Châteauneuf-du-Pape und garantiert die Qualität. Die Echtheit ihrer Gewächse wissen die Winzer durch spezielle Flaschen mit eingegossenem Papstsiegel zu schützen.

Im Gegensatz zum Châteauneuf-du-Pape sind die Weine der Provence jung – zwischen 2 und 3 Jahren – am besten. Die Lagerung über diese Zeit hinaus bringt im allgemeinen keine Verbesserung.

Rotweine werden in Zimmertemperatur getrunken (18 bis 20 Grad). Als besondere Spezialität gelten die natürlichen Aperitif-Süßweine, deren berühmtester der Muscat von Beaume de Venise ist.

Wenn der Fremde, von Norden kommend, Suze-la-Rousse als Tor zur Provence passiert, betritt er einen der größten Weingärten Europas. Vielleicht ist es kein Zufall, daß an dieser Stelle, in dem alten Château von Suze-la-Rousse die erste Wein-Universität der Welt ihre Herberge fand.

Begünstigt vom Klima konnte sich in der Provence die Leidenschaft vom Tafeln im Freien kultivieren.

An schönen und warmen Sonnentagen zwischen März und September verbinden viele Provenzalen ihren Ausflug in die Natur mit einem anschließenden pique-nique. Das Mahl unter Bäumen wird gründlich vorbereitet und verzichtet keinesfalls auf die gewohnte Tafelkultur. Ein Tischtuch ausgebreitet auf Gras, darauf farbiges Geschirr der

Le pique-nique
Das Picknick

Provence, Brot, Wein, gekühltes Wasser, frische crudités und schwarze Oliven aus Nyons, begleitet vom Gesang der Zikaden, läßt jedes Restaurant vergessen.

In diesem Zusammenhang erinnere ich mich gerne an mein erstes selbstarrangiertes pique-nique. Es war zur Zeit unserer Hausrestaurierung, als ein Kunstverein – auf Provence-Reise – uns besuchte. Da wir in unserem Rohbau nur schlecht Gastgeber sein konnten, nahmen wir einen Ausflug nach Roussillon und Gordes zum Anlaß eines Picknicks in Oppède.

Vielleicht regt Sie das folgende Menü an auch einmal einen sommerlichen Ausflug mit einem französischen Picknick zu krönen.

Das Menü:

Paillettes au fromage
Käsestangen

Petits pâtés provençaux
Blätterteigtäschchen nach Art der Provence

Légumes froids avec une sauce vinaigrette et une sauce anchoïde
Kalte Gemüseplatte mit einer Salatsauce und einer Anchovispaste

Poulet grillé aux herbes
Gegrilltes Huhn mit Kräutern

Des fromages
Käse

Tarte aux pommes
Apfelkuchen

Kaffee aus der Thermoskanne

Als Getränk gab es selbstverständlich einen roten Landwein.

Register, französisch

Abricots, tarte aux 156
Agneau, gigot d' – aux herbes 98
– carré d' – à la provençale 99
– gigot d' – à l'estragon ou au romarin 100
– épaule d' – farcie à la provençale 100
– ragoût 99
– rognons d' – au vin rouge 103
– gigot d' – en daube 102
Aïado 102
Aïgo saou d'iou oder bouillabaisse borgne 57
Aïgo-saou 66
Aïgo boulido 56
Aïoli géant 68
Aïoli 141
Alouette sans tête 91
Anchois, tourte aux 48
Anchoïade 21
Anchoïade (sauce) 143
Apéritif 21
Artichauts, coeur d' 30
– en marinade 30
– à la barigoule 117
– à la provençale 117
– fonds d' – farcis aux champignons 118
Aubergines, caviar d' 24
– provençales 34
– farcies 51
– en barbouillade 119
– au tian 119
– aux tomates gratinées 119
– au four 121
– farcies aux anchois 121
– beignets d' 121
– la daube d' 122
– la bohémienne aux 122
– des papes 123

Barquettes 22
– provençales 23
– de langouste 23
– de crabes 23
Béchamel, sauce 139
Beignets d'aubergines 121
– de courgettes 123
– aux pommes 161
Betterave rouge en salade 31
Beurre d'ail 144
– d'anchois 144

Beurre d'écrevisses   144
– d'escargots   144
Blettes, tarte de   46
– aux anchois et à l'ail   135
– au gratin   136
Boeuf gardian   88
– estouffade de – niçoise   88
– en daube provençale   90
– filet de – à la provençale   91
Bohémienne aux aubergines
   à l'estrassaire   122
Bouillabaisse   62
– borgne   57
– épinards en   57
– petit pois en   58
– d'Henry V   66
Bourride provençale   65
Bouquet garni   174
Brandade de morue   75
Brasseadeaux   161
Brochettes provençales   93
Broufado   87
Bûche de Noël   162

Cachat   149
Cailles farcies   113
– en brochette   114
Caillettes provençales   43
Calamars à la provençale   75
Calissons-d'Aix   162
Canapés   23
Canard, pâté de   42
– aux olives   110
Cardons en sauce veloutée   136
Carré d'agneau à la provençale   99
Caviar d'aubergines   24
– provençale oder Tapenade   24
Cerises au vinaigre   26

– à l'eau de vie   169
– clafoutis aux   155
Champignons de Paris   26
– – – au vinaigre   26
– – – à la provençale   132
– des pins   131
Civet de chevreuil   114
Chèvre, fromage de – à l'ail   148
– petits – à l'huile   149
Choux   153
Chivet de chevreuil   114
Clafoutis aux cerises   155
Clovisses aux épinards   83
Coeurs d'artichaut   30
Courgettes, soufflé aux   44
– crêpes aux   47
– farcies   52
– farcies au riz   53
– au gratin   54
– au fenouil   123
– beignets de   123
– au gratin   124
Court bouillon   145
Coquelets aux herbes   110
Coquilles St. Jaques
   provençales   79
– – au gratin   79
Crabes, barquettes de   23
– soupe aux   60
Crème fraîche   138
– à la vanille pour garnir les
   coux   153
– de moka au beurre   155
Crêpes aux courgettes   47
Cuisses de grenouille à la
   provençale   82

Daube d'aubergines   122
– Boeuf en – provençale   90
– Gigot en   102
Daurade, tian de   72
– au fenouil   72

Eclairs   155
Ecrevisses, poulet aux   109
– à la vauclusiènne   83
Elexir de longue vie   175
Epices provençales   175
Epaule d'agneau farcie à la
   provençale   100
Epinards, soufflé aux   44
– tarte aux   47
– en bouillabaisse   57
– gratin de morue aux   74
– sardines aux   76
– moules aux   78
– clovisses aux   83
– roussin d'   130
Escalope de veau aux échalotes 94
– – – à la nîmoise   94
Escargots à la provençale   82
Estouffade de boeuf niçoise   88

Faisan, terrine de-   37
Farcis provençaux   51
Farci de veau   93
Fêves à la crème   135
Filet de boeuf à la provençale   91
Flageolets à la crème   135
Foie de volaille truffé,
   terrine de   38
– – – pâté de – en croûte   39
– gâteau de   39
– gras, sauce au   142
Fonds d'artichauts farcis aux

   champignons   118
Fonds   145
Fromage de chèvre à l'ail   148
– – – à l'huile   149
Fruits de mer au gratin   81

Gâteau de foie   39
– de tomates à l'ail   49
– aux fruits   156
– des rois   160
Gibassier   163
Gigot d'agneau aux herbes   98
– – à l'estragon ou romarin   100
– – en daube avignonnaise   102
Gratin de morue aux épinards 74
– provençale   126
– dauphinois   128
– de pommes de terre   128
Grives à l'ail   113
– en brochette   114
Guignolet   167

Haricots verts   134
Herbes de Provence   172
Hors d'oeuvre variés   30

Lactaires délicieux   131
Langouste, barquettes de   23
Langoustes à la provençale   84
Langoustines à la provençale   84
– poulet aux   109
Lapin, terrine de lapin de garenne
   aux pruneaux   41
– terrine de   41
– aux olives en
   sauce moutarde   104
– à la bonne femme   104
– sauté à la provençale   106

Lapin au four   104
Légumes froids   30
Liqueur de verveine   167

Macaronade   90
Mayonnaise   142
Médaillons   23
Mehlbutter   138
Mirabelles, tarte aux   156
Morue, gratin de –
   aux épinards   74
– brandade de   75
Moules, soupe de – à la
   marseillaise   61
– aux épinards   78
– farcies à la provençale   78
– au riz   80
Moutarde de Dijon   174

Oeufs, tomates garnies aux   32
– durs garnis de tapenade   31
– à l'ail   34
Oignons, omelette à l'   49
– farcies   53
Olives de Nyons   171
– vertes au fenouil   171
– à la provençale   24
Omelette á l'oseille   48
– à l'oignon   49
– aux tomates   49
Oreillettes   160
Oseille, omelette à l'   48

Navettes provençales   160

Paillettes au fromage   22
Pâté de foie de volaille
   en croûte   39

– – canard   42
Pâtés, petits – provençaux   22
Pâte à brioche   151
– brisée   152
– à choux   152
– à frire   153
Petit pois en bouillabaisse   58
Pistou, soupe au   60
Pieds-paquets   96
Pissaladière   45
Poires pochées au vin rouge   157
Pois chiches, soupe de   58
– – à la provençale   134
– – en salade   30
Poivrons grillés à l'huile   31
– farcis   53
Pommes de terre, salade de   31
– – – gratin de   128
Pommes d'amour
   à la provençale   127
– – à l'antiboise   127
– tarte aux   156
– beignets aux   161
Pompe de Noël   163
Porc, rôti de   95
– rôti de – à la sauge   96
Pot-au-feu   67
Poularde à la maison   107
Poulet sauté   106
– aux 40 gousses d'ail   108
– grillé au romarin ou
   aux herbes   108
– sauté au basilic ou
   à l'estragon   109
– aux écrevisses ou aux
   langoustines   109
Purée d'ail   143

Quatre épices 174

Ragoût d'agneau 99
Ratio 56
Ratatouille niçoise 130
Revesset 66
Rillettes 38
Rognons d'agneau au vin rouge 103
Rôti de porc 95
——— à la sauge 96
—— veau provençal 95
Rougets au berceau 71
Rouille 142
Roussin d'épinards 130

Salade, betterave rouge en 31
— niçoise 33
— pois chiches en 30
— de pommes de terre 31
Sardines aux épinards 76
Sauce à l'ail 141
— au foie gras 142
— aux anchois 143
— anchoïade 143
— aïoli 140
— béchamel 139
— mayonnaise 142
— mornay 139
— rouille 142
— tomate provençale 139
— veloutée 139
— vinaigrette 141
Seiches à la provençale 75
Soufflés 44
Soufflé au citron 157
— aux courgettes 44
— aux épinards 44

— au fromage 44
— provençal 44
Soupe aux crabes 60
— de moules à la marseillaise 61
— au pistou 60
— de pois chiches 58
— de poisson à la marseillaise 61
St Pierre au gratin 74

Tapenade 24
Tarte aux mirabelles ou aux abricots 156
— de blettes 45
— aux épinards 47
— aux pommes 156
— aux abricots 156
Tellines à la provençale 83
Terrine maison 37
— de faisan 37
— de foie de volaille truffé 38
— de lapin de garenne aux pruneaux 41
— de lapin 41
Thon à la poissonnière d'Orange 76
— à la provençale 78
Tian 115
— de daurade 72
— d'aubergines 119
Tomates garnies à la macédoine 33
— garnies aux oeufs 33
— omelette aux 49
— gâteau de — à l'ail 49
— farcies 52
— aubergines aux — gratinées 119
— farcies à la vauclusienne 126
— à la provençale 127

Tomates à l'antiboise   127
Tomate, sauce – provençale   139
Tomme   148
Tourte aux anchois   48
Tripes à la provençale   98

Veau, escalope de –
   aux échalotes   94
– escalope de – à la nîmoise   94

– farcie de   93
– rôti de veau provençal   95
Vin   177
– de noix   167
– d'orange   169
– d'aspic   169
– de sauge   169
Vinaigrette   140

Register, deutsch

Anchovisbutter 144
– happen, überbackene 21
– kuchen, gedeckter 48
– paste 143
– sauce 143
Apfelkrapfen 161
– kuchen 156
Aprikosenkuchen 156
Artischockenbarigoule 117
– in Marinade 30
– nach provenzalischer Art 117
– böden mit Pilzfüllung gratiniert 118
– herzen 30
Auberginen, ausgebackene 121
– der Päpste 123
– gebackene 121
– gefüllte 51
– im Steinguttopf 119
– mit Anchovis gefüllt 121
– nach Art der Zigeunerin 122
– provenzalische 34
– überbackene 119
– und Tomaten gratiniert 119
– Gulasch 122
– paste – provenzalische 24

Auflauf 44
Auflauf, Käse 44
– provenzalischer 44
– Spinat 44
– Zucchini 44
Ausbackteig 153

Bechamelsauce 139
Birnen in Rotwein gekocht 157
Biskuitrolle mit Schokoladenfüllung 162
Blätterteigtäschchen nach Art der Provence 22
Bohnen, grüne 134
– kerne à la creme, grüne 135
– kerne à la creme, weiße 135
Brandteig 152
Bouquet Garni 174

Champignons, provenzalische 132
– in Essig 26
– mit Kräutern 26
Crème fraîche 138
Court-Bouillon 145

Daurade in der Steingutform 72
– mit Fenchel 72
Dreikönigskuchen 160
Drosseln am Spieß 114
– mit Knoblauch 113
Dunkler Fond 145

Eclairs 155
Edelreitzker
   in der Gratinform 131
Eier garniert mit Olivenpaste 31
– mit Knoblauchsauce 34
Eisenkrautlikör 167
Elixier für ein langes Leben 175
Ente mit Oliven 110
Erbseneintopf,
   provenzalischer 58

Fischsuppe, große
   provenzalische 62
– Marseiller 61
– nach Heinrich V. 66
– nach Touloner Art 66
– provenzalische 65
Fleischspießchen,
   provenzalische 93
Froschschenkel,
   provenzalische 82
Flußkrebse Vaucluser Art 83

Gemüse, überbackene 126
– eintopf, provenzalischer 57
– platte, kalte 30
– suppe mit Basilikum 60

Hackfleischklößchen 43
Hefeteig 151
Heller Fond 145

Hühnchen mit Flußkrebsen oder
   Langustinen 109
– nach Art des Hauses 107
Huhn, geschmortes 106
– mit Basilikum oder Estragon,
   gebratenes 109
– mit Rosmarin oder Kräutern,
   gegrilltes 108
– mit 40 Knoblauchzehen 108

Jakobsmuscheln,
   provenzalische 79
– überbacken 79

Käsestangen 22
Kalbsbraten, provenzalischer 95
Kalbsbrust, gefüllte 93
Kalbsschnitzel mit Schalotten 94
Kaninchen im Backofen
   gegart 104
– mit Oliven in Senfsauce 104
– nach Hausfrauenart 104
– provenzalischer Art,
   geschmortes 106
Kartoffeln, überbackene 128
Kartoffelsalat 31
Kichererbsen nach Art der
   Provence 134
– salat 30
– suppe 58
Kirschen in Alkohol 169
Kirschen in Essig 26
Kirschkuchen 155
– süßwein 167
Knoblauchbutter 144
Knoblauchpaste,
   provenzalische 141
Knoblauchpüree 143

Knoblauchsauce   141
Knoblauchsuppe,
   provenzalische   56
Krabbensuppe   60
Kräuter, provenzalische   172
Krapfen   161
Krebsbutter   144
Kutteln nach
   provenzalischer Art   98

Lammkarree nach provenza-
   lischer Art   99
– keule mit Estragon oder
   Rosmarin   100
– keule mit Kräutern   98
– nieren in Rotweinsauce   103
– ragout   99
– rollbraten, provenzalischer   102
– schulter provenzalischer Art,
   gefüllte   100
– topf Avignon   102
Langusten nach provenzalischer
   Art   84
Langustinen nach provenzalischer
   Art   84
Lavendelwein   169

Makkaroni, überbackene   90
Mandelkuchen   162
Mangold mit Anchovis und
   Knoblauch   135
– überbackener   136
– kuchen   45
Meeresfrüchte, überbackene   81
Mehlbutter   138
Mirabellkuchen   156
Mokka-Butter-Creme   155
Muscheln, kleine
   provenzalische   83
– auf Reis   80
– auf Spinat   78
– suppe, Marseiller   61

Nizza-Salat   33
Nuß-Aperitif   162

Obstkuchen   156
Oliven aus Nyons, schwarze   171
– mit Fenchel, grüne   171
– mit provenzalischen
   Kräutern   24
– paste, provenzalische   24
Omelett, Sauerampfer   48
– Tomaten   48
– Zwiebel   48
Orangen-Süßwein   169
Osterkuchen   161

Paprikaschoten, gefüllte   53
– in Öl   31
Pastete, Enten   42
– Geflügelleber im Teigmantel   39
– Leber   39
– mit Gänsefleisch   38
Pastetenteig   152
Pizza, provenzalische   45
Plätzchen, fritierte   160

Quatre Epices   174

Ratatouille aus Nizza   130
Rehragout   114
Riesen-Aïoli   68
Rinderfilet provenzalischer
   Art   91
– schmorbraten Nizza   88

Rinderschmorbraten, provenzalischer 90
– roulade, provenzalische 91
Rindfleisch-Gemüse-Eintopf 67
– topf Gardian 88
– topf, provenzalischer 87
Rotbarben in der Wiege 71
Rote-Bete-Salat 31

Salat Nizza 32
Salatsauce 141
Sardinen auf Spinat, überbacken 76
Sauce Aïoli 140
– mit Gänseleber 142
– Mornay 139
Sauerampfer-Omelett 48
Schafskutteln Mont Ventoux, gefüllte 96
Schiffchen, Langusten 23
– mit Krabbenfleisch 23
– provenzalische 23
– St. Victor 160
Schnecken, provenzalischer Art 82
Schneckenbutter 144
Schnittchen 23
Schweinebraten 95
– mit Salbei 96
Spinateintopf, provenzalischer 57
– Kuchen 47
– überbackener 130
St. Peter-Fisch, überbackener 74
Stockfisch auf Spinat, überbackener 74
Stockfischpaste 75
Stubenküken mit Kräutern 110
Suppe mit Zwiebeln und Knoblauch 56

Terrine, Fasanen 37
– getrüffelte Geflügelleber 38
– Kaninchen 41
– Kaninchen mit Pflaumen 41
– nach Art des Hauses 37
Thunfisch nach Art der Fischhändlerin von Orange 76
– nach provenzalischer Art 78
Tintenfisch oder Calamaris nach provenzalischer Art 75
Törtchen, pikante 22
Tomaten Antibes 127
– gefüllte 52
– mazedonischer Art, gefüllte 33
– mit Eiern, gefüllte 33
– nach Art der Vaucluse 126
– nach provenzalischer Art 127
– kuchen mit Knoblauch 49
– Omelett 49
– sauce, provenzalische 139

Venusmuscheln mit Spinat 83
Vorspeisen, gemischte 30

Wachteln am Spieß 114
– gefüllte 113
Weihnachtskuchen 163
Weiße Grundsauce 139
Wilde Artischocken in Weißer Sauce 136

Ziegenkäse in Olivenöl 149
– mit Knoblauch, frischer 148
Zitronenauflauf 157
Zucchini, ausgebackene 123
– gefüllte 52

– mit Fenchel   123
– mit Reis   53
– überbackene   54
– überbackene mit Anchovis   124

– pfannkuchen   47
Zwiebeln, gefüllte   53
Zwiebel-Omelett   49